発達をはぐくむ目と心

——発達保障のための12章

白石正久
Shiraishi Masahisa

はじめに

本書は、「発達保障とは何か」を学ぶためのテキストとしてつくられました。私は、仲間が集い、学習や討論を通じて発達保障を創造していく場面を思い描きながら書きました。副題の「12章」は、一年間でその学習会が完結することを想定したものです。「発達は、すべての人にあたえられるべき権利である」。発達保障は、この前提から出発します。そのためには、発達に潜む法則性をとらえ、総体性をもった人格を形成していくための、広い意味での教育の方法を吟味し、発達のための条件を権利保障にふさわしい内実に高めていくことが求められているのです。その実践や運動は、人間や社会についての科学的な認識を不可欠とし、つねにそのための研究と学習を要請しています。

発達保障の理念は、直接的には戦後滋賀県の近江学園やびわこ学園での施設実践の中で吟味され、一九六〇年代の初頭に提起されたものですが、ときを同じくして、障害をもつ子どもたちの不就学をなくす教育権保障運動や先駆的な学校教育の実践において、後には障害乳幼児の保育や療育を要求する運動や実践、はたらくことによって発達的な自己実現を願う共同作業所の運動や実践において、日本の各地で響き合いながら、大きなうねりを形成してきたものです。

本書には、全体を貫くひとつのキーワードがあります。私たちは、障害をもつ人々の自己変革と自己実現を願う姿に心がゆさぶられ、突き動かされるような瞬間に出会うことがあります。つまり、「自分をつくり変えよう、もっとちがう新しい自分になろう」と苦悶しつつがんばる姿に、私たちは共鳴するように自らの変化のためのエネルギーをあたえられるのです。その「発達的共感」が、人と人のつながりを広めていくために、大切なのではないでしょうか。

人と人との発達的共感があるからこそ、他者との関係の中で、人間としての存在の価値が感じ取られ認識されるのであり、発達的共感を基盤として、個と集団を発達させていくための指導方法が発展していくのであり、発達的共感を社会に広めていくことによって、人と人がつながり、権利要求のうねりを形成していくことができるのです。

この発達的共感を、障害をもつ人々との特殊的な関係の中にとどめてしまうのではなく、広く普遍的な関係として社会に開いていくことは、社会そのものを真に豊かにし、そうすることによって障害をもつ人々の権利も保障される時代を拓くことになるでしょう。

今ほど、すべての人の発達保障のために、手と手をつなぎ合うことが求められる時代はありませんでした。本書が、人と人をつなぐ小さな手の役割を果たせれば幸いです。

二〇〇六年七月　白石正久

発達をはぐくむ目と心—発達保障のための12章◎目次

カバー／カット　いばさえみ

第1章 幸福に生きる

宮沢賢治の「虔十《けんじゅう》公園林」の世界から、発達保障の世界に入りましょう。

宮沢賢治「虔十公園林」

虔十は、いつも縄の帯をしめて、笑って森のなかや畑のあいだをゆっくり歩いているのでした。雨のなかの青い藪《やぶ》を見ては、喜んで目をパチパチさせ、青空をどこまでも翔《か》けて行く鷹を見つけては、はねあがって手をたたいてみんなに知らせました。風が吹いてブナの葉がチラチラ光るときなどは、虔十はうれしくてうれしくて、笑いをこらえることができなかったのです。

虔十は、言いました。

「お母《があ》、おらさ杉苗七百本、買って呉《け》ろ。」

「杉苗七百ど、どこさ植ぇらぃ。」

「家のうしろの野原さ。」

お父《どう》は、言いました。

「買ってやれ、買ってやれ。虔十ぁ今まで何一つだて頼んだごとぁ無ぃがったもの。買ってやれ。」

そのことばを聞いて、お母はほっとしました。

虔十の植えた杉苗は、土が悪くて、いつまでたっても九尺（約二メートル七〇センチ）をこえません。その杉を枝打ちまでして、虔十はたいせつに育てました。

村の平二がやってきて、おどすように言いました。

「虔十、貴《き》さんどごの杉伐《き》れ。伐れ、伐れ。伐らなぃが。」

自分の畑が日陰になるというのです。平二は、人の嫌がるようなしごとをしている人間です。

「伐らなぃ。」

これが、虔十の一生にたった一つの人に対する逆らいのことばだったのです。

やがて、虔十の杉林からにぎやかな声が聞こえてきました。学校帰りの子どもたちが、五十人も集まって、杉の木の間を行進しているのです。その杉並木には、東京街道、ロシヤ街道、西洋街道などという名前までついていきました。虔十はうれしくてうれしくて、口を大きく開けて笑いました。子どもたちは、毎日やってきました。

でも虔十は、その秋、チブスにかかって死んでしまいます。

やがて村には鉄道が通り、工場ができ家が建って、畑や田はずいぶん潰れていきました。でも虔十の林だけはそのまま残って、子どもたちも毎日集まりました。髪がもう真っ白になってしまった虔十の親は、どんなに売れ売れと言われても、虔十のただ一つの形見だからと言って、この林を手放さなかったのです。

ある日、村の小学校を出てアメリカの大学の教授になった若い博士が十五年ぶりに帰ってきて、講堂で話をしました。その後で、学校のとなりにある杉林を見つけて、驚いて言いました。

「ああ、ここはすっかりもとの通りだ。木まですっかりもとの通りだ。木は却《かえ》って小さくなったようだ。みんなも遊んでいる。あの中に私や私の昔の友達が居ないだろうか。」

「その虔十という人は、いつでもはあはあ笑っている人でした。ああ全くたれが賢くたれが賢くないのかわかりません。ここはもういつまでも子供たちの美しい公園地です。どうでしょう。ここに虔十公園林と名をつけて、いつまでもこの通り保存するようにしては。」

博士の提案通り、その学校を卒業したたくさんの人たちから、手紙やお金が届いて、子どもたちの林の前に、「虔十公園林」という碑が建ちました。

そして宮沢賢治は、この物語を結びます。

「全く全くこの公園林の杉の黒い緑、さわやかな匂い、夏のすずしい陰、月光色の芝生がこれから何千人の人たちに本当のさいわいが何だかを教えるか数えられませんでした。」

（「虔十公園林」『宮沢賢治全集・第六巻』、ちくま文庫より抜粋、一九九五年。一部仮名遣い改め）

本当のさいわいとは

虔十は、キラキラ輝く光や揺らめく風と交歓できる心をもっていました。そして、お父やお母のように、汗水流して田や畑で働きたいと思っていました。その虔十の心を、家族は慈しみました。

まっすぐに間隔正しく、虔十は植え穴を掘っていき、兄さんが杉を植えてくれました。その整然として美しい並木が、子どもたちの心をとらえました。虔十の心と労働がつくり出した杉並木は、子どもたちを遠い西洋の街道風景にいざない、その子どもたちの姿が、虔十の毎日に「はあはあ」と笑いたくなるような喜びをあたえました。その宝物を守るために、平二の意地悪への一生に一度の「逆らいのことば」が必要だったのです。

さて、宮沢賢治の言う「本当のさいわい（幸い）」とは、何でしょうか。

何がその人にとっての幸福かは、他から決められるものではありません。しかし、「虔十公園林」を読み解き、幾多の幸福を貫く大切なものが見えてくるように思います。幸福に生きるとは、一人ひとりが人間として尊重され、その人らしく生きていくことだと思いいたるのです。生まれながらにもっている人間としての普遍的な可能性と、その人らしい無二の個性ある可能性を織り成して、一個の人格を形づくりながら生きていくのが私たちの人生でしょう。一人ひとりが、人間としての普遍性と個別性を結び合い、あたえられた可能性を花開かせて自己実現を果たしつつ、自らに心をときめかせながら生きていくことができるなら、うれしいことです。いや、そうあらねばならないのではないでしょうか。

この人格を形づくる道すじこそが、発達なのです。

虔十には、障害がありました。しかし、自然と交歓することを何よりの喜びとし、働くことを尊ぶ彼の心は、多くの子どもたちが出会う林に生まれ変わって、「本当のさいわい」とは何かをたくさんの人たちに伝えていくのです。それは、清々しい杉林に出会う幸せだけではなく、虔十のように生きる幸せに出会うことでもあります。一人の人間の幸福が、本当の幸福とは何かを希求する人間の歴史につながっていきます。

幸福追求権と発達への権利

一人ひとりが個人として尊重され、幸福に生きることは、人間にあたえられた根本の権利であることを、歴史は見出してきました。この個人の尊厳と幸福追求権こそが生まれながらにしてもっている自然権であり、アメリカの独立宣言としてはじめて明文化され、近代憲法に引き継がれた人権の基本原理です。

アメリカ独立宣言（一七七六年）には、次のように記されています。

「われわれは、自明の真理として、すべての人は平等に造られ、造物主によって、一定の奪いがたい天賦の権利を付与され、そのなかに生命、自由および幸福の追求が含まれることを信ずる。また、これらの権利を確保するために人類のあいだに政府が組織されること、そしてその正当な権力は被治者の同意に由来するものであることを信ずる」。

（高木八尺・末延三次・宮沢俊義編『人権宣言集』、一一四ページ、岩波文庫、一九五七年）

幸福追求権は、その後の不幸な戦争の歴史やファシズムへの反省に立って、個人の価値が国家の価値に優越する自由権を含み込んだ、現代的人権になりました。

日本国憲法も第一三条で次のように謳《うた》います。

「すべて国民は、個人として尊重される。生命、自由及び幸福追求に対する国民の権利については、公共の福祉に反しない限り、立法その他の国政の上で、最大の尊重を必要とする」。

しかし、このような自然権、自由権を認める国家であったとしても、それだけで国民の幸福に生きる権利が保障されることはありませんでした。人権保障の歴史は、各国の国民が国家と相対しながら、自然権を現実の権利として保障していくために、さまざまな権利保障を要求し続けた難路の道でもありました。たとえば、人間らしい生活を営む権利（生存権）、等しく教育を受ける権利（教育権）、勤労の権利（労働権）などの社会権と総称される人権が、一つひとつ勝ち取られてきたのです。今日、さらに権利保障の内実を豊かにしていくために、人権の礎《いしずえ》としての幸福追求権は、既存の権利だけではない権利を保障するために、新しい人権を生み出す包括的な機能をもつとされています。たとえば、よりよい環境で暮らす権利、自分にかんする情報をコントロールする権利、自己決定権、などが幸福追求権から生み出されてきました。

たとえば、わが国において、憲法制定後も障害をもつ子どもたちは学校教育法第二三条の「就学猶予・免除」の規定が悪用されて、不就学を強要されることの絶えなかった時代がありました。それは、学校を出ることができてもはたらくことの保障されない時代でもありました。

障害をもつ人々の教育権、労働権を実現していく運動の中から、発達保障の理念は形成されていきました。それは、障害をもとうとも人は、幸福に生きる権利をもっており、生命、自由とともに発達が、権利として保障されるということでした。

たとえば、近江学園、びわこ学園などで施設教育の基《もとい》を築いた糸賀一雄氏は、萌芽的ではありますが次のように語っています。

「身体的、精神的な不幸を一身に担って生まれてきたこの子たちにも、幸福に生きる権利があることを、私たちは全力をつくしてその生命と発達を保障していきたいと思う」。

（『糸賀一雄著作集・第三巻』、二五一ページ、日本放送出版協会、一九八三年）

発達保障を理念とした実践と運動は、幸福追求権の大切な要素として、あるいは前提として、発達への権利を見出してきました。障害をもとうとも誰もが発達への権利をもっているのだと要求し、障害児の教育権を本当に実現してきました。障害をもった青年が、はたらく場を得ることのむずかしかった時代に、はたらく中でこそたくましく発達するのだと、作業所づくりの運動を進め、労働権を自らの力で生産してきたのです。

誰もが幸福に生きることを願う心は、基本的人権の要求を通じて、歴史を動かす粘り強いエネルギーを胚胎《はいたい》しているのです。

*

宮沢賢治は、個人の幸福が何よりも尊重される未来社会を夢に描いていました。はたらく人たちの幸せになる社会を願って結成された最初の合法政党、労働農民党への協力を惜しまなかったそうです。しかし、日本のファシズムはこの党の存在を許さず、賢治はその弾圧を悲しんだと言われています。「虔十公園林」は、その時代に書かれました。

虔十が、そして、お父、お母、兄さんが、さらに博士が、ことばと生きざまによって、幸福とは何かを語りかけてきます。同時に、大切なものを奪おうとする平二への虔十のことばが、幸福は、強い意思によってこそ守られることを暗示しているように思えます。

今、時代は、「幸福に生きる」ことを願う人々の力を集めることができるか、幸福を奪う力に飲み込まれてしまうかの、大きな岐路に立っています。

第2章 いのちの時間

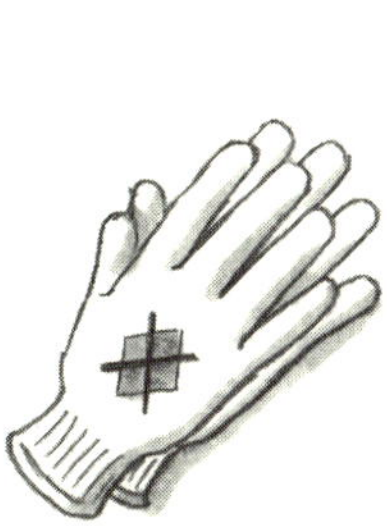

いのちの絆

「辞去するとき、二人の亡骸《なきがら》と対面した。ヒロシの死に顔はまことに安らかな、満たされた表情であった。ミッちゃんの顔も同様に幸福そうであったが、その片掌《かたて》に収まりそうな小ささは、明らかに生命の限界を感じさせるものであった。

そのとき、私ははっきりとこう思った。

ヒロシは、医学的にはとうに終わっているはずのミッちゃんの生命を、あらん限りの愛情をもって支えていたのであろう。そして、その死がついに支えきれぬところまで迫っていることを感じたあの夜、心のそこから、娘とともに逝くことを祈ったのであろう。天が、その真摯な祈りを聞き届けたのである」。

（浅田次郎「ヒロシの死について」『福音について』、三七ページ、講談社、一九九八年）

これは、心臓発作で急逝した従兄のヒロシを追うように、一七歳の障害の重い娘もその翌日に逝ってしまった「負の奇蹟」を、嘆きつつも受けとめようとする作家・浅田次郎さんのエッセイです。この実話が、さらにリアリティをもって迫ってくるのは、障害の重い子どもたちとその家族が、「いのちの絆」をともに結びながら暮らす日々を、私たちも少なからず知っているからでしょう。

この一、二年、私にもたくさんの子どもたちとの別れがありました。いや、子どもではない、成人式の晴れ着に袖を通し、あるいは通そうとしていた彼らは、連れ立つように逝ってしまいました。家族にとってその死は、ふいに吹く風のように、突然であったにちがいありません。

彼らが去っていった後、胸にあいた空白と、お母さんお父さんは、どう向き合っているのでしょうか。あまりにも唐突なその死をわが責任として背負い、後悔の念が消えない日々を送ってはいないでしょうか。本当にわが子は幸せだったのかと、自問をくり返してはいないでしょうか。そうであるならば、私はこう言いたい。彼らは、生き抜いたのだと。

いのちを守る教育

第１章で触れたように、障害の重い子どもたちは、その障害を理由にして、学校教育法第二三条の「就学猶予・免除」規定が悪用され、不就学のまま放置されて、学校に通うことのできなかった時代がありました。

その実態を福井県鯖江市などで調査した藤本文朗さんらの報告（藤本文朗『障害児教育の義務制に関する教育臨床的研究』、多賀出版、一九九六年など参照）があります。これによると、一九六七年から七二年までの六年間に、四六名の不就学児中、八名が亡くなっているのです。その半数以上は重度の脳性マヒをもち、寝たままの生活を余儀なくされていた子どもたちであり、六歳から一一歳までの学齢期に学校に通うこともないままに亡くなりました。一九七〇年に開校された京都府立与謝の海養護学校に通学できた重複児学級在籍児が、七二年までの三年間に一人も亡くなっていない事実と対照すれば、無視できない実態であることをこの研究は伝えています。

学校に通うことは、教育を受ける以前に、覚醒し、からだを起こし、移動して新しい空間に身を置く日々の中で、生活にリズムを生み、体力をつくる基盤になります。それが保障されないもとで、障害の重い子どもたちは、思春期を越えて生きることがむずかしいとさえ言われていました。そんな実態に対して父母や教師は、「教育に下限なし」「発達に上限なし」を合いことばに、どんなに障害の重い子どもたちにも教育を受ける権利があり、発達は教育によってこそ保障されることをたしかめ合いながら、一九七四年の東京都での「希望者全員就学」、一九七九年の「養護学校義務制実施」へと前進し続けました。

今日では新生児医療の進歩などで、常に人工呼吸器の必要なきわめて重度の障害をもった子どもたちのいのちも守られ、在宅医療の推進によって、彼らは地域や家庭で暮らせるようになっています。「生活の質」を問いながら、いのちを幸福に生きることに結びつける試みがはじまったのです。

しかし、生きるためには、痰が溢《あふ》れて呼吸が苦しくなる喉や鼻にチューブを入れて、「吸引」しなければなりません。咀嚼《そしゃく》や嚥下《えんげ》のむずかしい彼らは、鼻やお腹に開けた穴である胃ろうからチューブを通して、経管栄養を導入することもあります。これらは「医療的ケア」であり、基本的に医師や看護師、その指導のもとで保護者にのみ許されていることですが、障害の重い子どもたちの通学を保障するために、校内に看護師を配置したり、医師の指導によって教師が行うこともできるように、条件が整えられつつあります。

思春期を越えたいのちが、今、輝きはじめているのです。

いのちの重み

しかし、否定することのできない事実として、彼らは死と隣り合わせにあり、思春期を越え得たとしても、けっして長いとはいえない人生を生きているのです。その時間の中で重い障害を背負いつつ生きる意味を、彼ら自身と私たちがどう見出せばいいのでしょうか。

どんなに障害が重くとも、そこにいのちがある限り、暖かい温もりがあり、静かな鼓動と呼吸があります。彼らが去っていった後もいつでも蘇るその一つひとつの感覚が、彼らの生きた証であり、人格の徴《しるし》ではないでしょうか。その温もりのあるかぎり、そこには人格が息づいていたのです。その人格と向き合い、四六時中わが子の呼吸の状態に神経を集中し、痰を吸引し体位を整える家族の姿は、その一つひとつが生の証を確認する作業と言っていいでしょう。その一方向的なはたらきかけの中でさえ彼らは、立派に応え返してくれているのです。吸引のチューブを入れるときの苦しそうな表情の中にも、ホッとした心を垣間見ることがあります。味わう喜びがあるわけではない経管栄養のときでも、「ありがとう」と言いたげに表情が和むこともあるでしょう。やがて、まなざしや瞬《まばた》き、からだの緊張にも、その子らしい意味のあることが見えてきます。苦しみの中にも喜びを見出し、一瞬の共感を積み重ねながら、生活は続きます。

その生活に、教育はどんな彩りをあたえてくれるのでしょうか。通学がむずかしければ、訪問教育の先生が、家のドアをノックしてくれます。暖かくなって散歩に出られた春の日、いつもより大きく見開かれた子どもの瞳は、今まさに小鳥のさえずりを耳でつかまえたサインかもしれません。絵本の読み聞かせに瞬きをくり返す表情は、大好きなフレーズを期待して待つ心のときめきかもしれません。

それは、子どもと向かい合い見つめ合うばかりではなく、同じ目の高さで、ともに世界を見つめようとする中でこそ見えてくる、子どもの心の窓ではないでしょうか。子どもと同じ方向を見つめながら、心が一つになったと感じた瞬間の喜びは、教師ならではのものです。そしてこの窓を通して、子どもたちも、心の中にたくさんの発見の喜びを宝物のように集め、人格を豊かにはぐくみながら生きています。同じものを見つめ、同じことを感じながら、無二の内的世界をはぐくむこと。それは創造と呼ぶべき積極的営為です。彼らへの教育が、「リラクセーション」や「癒し」などの快の形成にとどまらず、人格の創造という普遍的な教育的価値を実現するものであってほしいと願います。

この創造は、教師と子どもによる生産であり、その産物によって、子どものみならず教師も、力と喜びをあたえられています。共同の生産によって、子どもと教師、そして親も、互いに支え合いあたえ合う関係を築いています。障害は重くとも、他を支え他にあたえることのできる彼らは、いのちの重み、人間としての価値を等しくもった存在なのです。

しかし、障害者の存在とその可能性が、圧殺されようとした歴史的事実は、枚挙にいとまがありません。なかでも、ナチス・ドイツは、一九三三年に制定したいわゆる「断種法」によって、数十万人の障害者や病人に断種処置を強制しました。わが国においても一九三一年の「癩《らい》予防法」によって、ハンセン病の人たちへの根拠のない隔離政策のみならず、断種、堕胎の強制によって、たくさんの生命がその存在を許されませんでした。

「長期化する戦争のなかで、ハンセン病対策も、心身ともに優秀な国民の創出を目指す優生政策の一環に位置付けられていく」（『ハンセン病問題に関する検証会議　最終報告書・要約版』、二〇〇五年）と総括されるように、戦争のためにいのちそのものの価値が値踏みされた時代でした。わが国の場合、その過ちを認めたのは二一世紀を迎えてからです。

今また、いのちの尊厳を蹂躙《じゅうりん》し、人間の価値を値踏みしようとする不気味な足音が聞こえます。国によって守られるべきいのちに「自己責任」の矛《ほこ》を突きつけ、医療や福祉に応益負担を導入して、いのちを守ることへの対価を求め、障害児教育のコストを問題視するあからさまな政策は、すでにいのちの価値に対する値踏みそのものではないでしょうか。

「すべての人間は、生命に対する固有の権利を有する」（「市民的及び政治的権利に関する国際規約（B規約）」第六条一）と謳われるように、いのちに優る価値のないことは、何人も認識するところです。しかし、いのちを守る力は、人々の具体的な努力なしにはつちかわれません。人間が生まれながらにして有し、感性の深いところにあるいのちへの愛情に訴えることによってこそ、それを守ろうとする力も胎動をはじめます。

私たちに求められるのは、いのちを守り、そこに人間としての無二の価値をはぐくんでいく障害をもつ人々のいのちの営みを社会に開いて、いのちへの想像力をこの国の中にたくましく形成していくことです。限りあるいのちの時間を勇気をもって見つめながら、「もっといっしょに生きたい」と願い、生きることと人格の創造をやめない関係にこそ、愛情によって結ばれる社会のあり方が見えるように思います。

＊

生きることに苦しみを抱きつつ、なお多くの喜びを生産し、そうすることによって他にあたえ続けて生きた子どもたちは、至上の生を生き抜き、至上の死を迎えたと言うべきでしょう。おそらく人生は、長さではなくその生き方によって、死を越えた価値を生産する時間なのです。

タゴールの「最後のうた」で結びます。

こんどのわたしの誕生日に　私はいよいよ逝くだろう、
わたしは　身近に友らを求める―
彼らの手のやさしい感触のうちに
世界の究極の愛のうちに
わたしは　人生最上の恵みをたずさえて行こう、
人間の最後の祝福をたずさえて行こう。
今日　わたしの頭陀袋《ふくろ》は空っぽだ―
与えるべきすべてを
わたしは与えつくした。
その返礼に　もしなにがしかのものが―
いくらかの愛と　いくらかの赦《ゆる》しが得られるなら、
わたしは　それらのものをたずさえて行こう―
終焉《しゅうえん》の無言の祝祭へと
渡し舟を漕《こ》ぎ出すときに。

（森本達雄編訳『タゴール死生の詩』、一七五～一七六ページ、人間と歴史社、二〇〇二年）

第3章 自己決定の光と翳《かげ》

二冊の本

自閉症の人たちの家族によって書かれた本は、彼らと暮らす時空間と喜怒哀楽の世界に私たちをいざなってくれます。私の出会った二冊の本を紹介しましょう。

『ひろしくんの本・Ⅰ～Ⅳ』（中川書店、一九九九～二〇〇四年）。お母さんの深見憲《とし》さんが三八歳を迎える息子、博さんとの年月を四冊の本に綴られたものです。とりつかれたようにクラシックとおとぎ話のレコードを聴き続ける四歳の博さん。専門家からの助言は、

「すべてどこかにかくしなさい。そして戸外で思いきり遊んであげなさい」でした。

その通りにした日曜日のこと、「あの時の物凄い博の形相は今も思い出すだけで胸が痛み一生忘れることは出来ません。この時を契機に家族はどんな些細な興味の世界でも博の世界の中にどっぷりつかって楽しんで守っていこうと誓いました」。

わが子の姿に突き動かされ、親として生きるべき道を決然と選び取った、その人生の根っこにあるものに心ひかれます。

それから家族は、おとぎ話の芝居ごっこに、読み聞かせにと、博さんとともに楽しみながら、日々を重ねてこられました。「赤ずきんちゃん、幼稚園でおべんとう食べましたか」と聞けば、博さんが指人形を使って「食べた」と答えてくれた日の喜びも記されています。クラシックレコードはやがて毎年「第九を歌う会」へ参加することに、おとぎ話のレコードは中村メイコさんの語りへの憧れを経て、中国語や韓国語への興味につながっていきました。家事の手伝いも、自立のためにではなく、「家族の一人一人が役に立ちあう」ために、大切にしてきました。だから、「よくできました」ではなく「ありがとう」ということばが交わされ、その雰囲気の中で、後に地域に自分の菓子工房を開くことになる力もつちかわれていったのです。

スケジュールに不安のある博さんに、毎晩「あしたはね」とていねいに語りかけ、それは一日一日を共有し合って大切にすごす生き方として、家族全員の中に浸透していきました。「一万五千回言い続けた『あしたはね』」を、今は博さんが自分で予定をたどって言えるようになっています。

つまり、どのこと一つをとっても、日々のあたりまえの暮らしにこだわる方法で、「途方もない時間と回数」を積み重ねて、今日の博さんに息づいているのです。

もう一冊は『Smileつうしん』（クリエイツかもがわ、二〇〇三年）。お母さんの高橋美穂さんが、息子さんたちが小学校に通うようになったのを機に、それまでの生活を記した家族新聞によって構成した本です。わが子を見てまず思うことは、自閉症児は興味が狭いと言われたけれど、「楽しい経験をたくさんすることによって、自分の好きな世界を見つけ、広げていくことができる」という確信です。

わが子の生まれてはじめての「好き」の世界と言っていい「機関車トーマス」に出会ったとき、お母さんはうれしくなって、自分も『トーマス大百科』に浸り、トーマスの世界で遊びはじめました。「トーマスランド」へは何度も出かけ、やがてお出かけ先は動物園、水族館へと広がって、その経験からおもしろいストーリーのあるジオラマが生まれました。

深見さんは、脳梗塞に倒れた夫を一八年間介護し、高橋さんは優太くんと健太くんというきょうだいの自閉症児を育てるという、一つではない運命と向き合いながら暮らしてこられたのです。

人生の主人公として生きてほしい

はじめは一人だけの「興味の世界」でしたが、子どもはやがてその中に家族の誰かの顔を発見するようになります。そして「楽しいね」と相づちをうってくれるその人に、心の窓を開きはじめるのです。深見さんのことばを借りれば、家族はさながら「黒子」であり、子どもの瞳の輝くことばやアイデアを考えながら、心のチャンネルをアナログで合わせていったのです。チャンネルが合ったときにはじめて、喜びの感情やことばが生まれてきます。それは「遊んであげる」「共感してあげる」という姿勢ではなく、その世界の中で、楽しいことを宝探しのように発見し合う共同の関係と言っていいでしょう。深見さんは「この興味の世界こそ自閉症児の至福の時であり遊びの世界である。付きあってあげるという感覚の方々には幼稚な世界と片づけられるが、年を追うごとに奥が深く夢の広がる世界はとても楽しいのである」（「成人期」『そだちの科学』一号、一〇五ページ、日本評論社、二〇〇三年）と言います。

「興味の世界」の見返りを期待する姿勢などは、この二人のお母さんには感じられません。子どもの思いを度外視して性急な変化を求めず、親の自己実現に子どもを従属させず、さまざまなことを捨てながら、何かを拾おうとする生き方と言っていいでしょう。障害をもとうとも人生の主人公として、喜びのあるかけがえのない時間を生きてほしいという親の願いがそこにはあります。人生の根本に、自己決定という生き方が根づいているのです。自分は何者であり、どう生きたいかを知るのは、他ならぬ子ども自身なのですから。

自己決定とは、「自己」はいかなる他者からも支配されず、人生の主人公としての意思によって生活を選択し、自らのあるべき姿、つまり自己実現を達成する自由と権利をもっているということです。今日的には、たとえば憲法第一三条「個人の尊重と幸福追求権」(第1章参照)の具体化した「自己決定権」として、とらえられるようになりました。

自己決定は共同と葛藤の中から

二冊の本は、本当の自己決定とは何か、どうしたら可能になるのかを、長い時間の中での家族の労苦と喜びによって語ってくれます。自己決定は、それが可能になる条件が吟味され備わって、はじめて意味あるものになるのです。自己決定が可能になる条件とは何でしょうか。

第一に、「自己」に取り込むべき生活と文化が豊かであり、要求を喚起するような内容をもっているときにはじめて、決定すべき選択肢も、要求の主体としての「自己」も、つくられていくということです。その点で二冊の本は、知恵を絞った良質な生活と文化を、子どもの世界に注ぎ込んでいる創造の宝庫です。その生活と文化は、誰でも出会う普遍的なものだからこそ、その中で「ファンタジーの広がる自閉症児の世界」に出会うことができます。このような生活と文化の価値が等閑視されたうえ、選択だけを迫られたのでは、子どもは無から有をつくり出すことはできません。

第二に、自己決定は自他の葛藤と調整の過程をともなうということです。自己決定を尊重すると、他者と生きる現実の中ではぶつかり合いや葛藤が必然的に生じることになり、相互にそれを受けとめる覚悟と時間が必要だということでもあります。先を急がない時間の流れがあればこそ、子どもの失敗やぶつかり合いとていねいに向かい合うことで、生活技能、コミュニケーション、自我に裏打ちされた自己コントロール力など、現実の生活を生きる本物の発達の力がつくられていきます。優太くん健太くんには、「好き」な世界が広がったゆえの、思い通りにならないもどかしさからくるパニックがありますが、お母さんはその意味を理解し、次の成長を待っています。深見さんが「レコードを聴きたいという要求があればこそ、親子でそれに耐える力も培われた」とふり返るように、ともに楽しむ世界だから、「がまん、がまん」という親のことばには真実味が加わり、「がまん」を共有する中で、その本当の意味が子どもにもわかるようになるのです。

第三に、自己決定は、開かれた関係の中でこそ可能性を広げることができるということです。親が子に伝える生活と文化は、子どもの世界の中で大きな比重を占め、なくてはならないものですが、それだけでは子どもの可能性の器を満たすことはできません。そして、生活はたくさんの人たちの支えを必要とします。二人のお母さんはそのことを自覚し、教育と福祉、地域の中に、わが子を理解してもらうための情報を発信し続け、錦を織るようにていねいに人間関係を結んでいきました。そこに、家族とは異なる存在への憧れの心が生まれ、自己決定の選択肢も広がっています。

このように自己決定は、本人の自発的な意思のみで可能になるものではなく、多様に保障された生活と文化、共同や葛藤を内包した集団があればこそ、真に独創的な個性と、しなやかな人格の創造にあずかることができる原理であり、権利だということです。

自己決定を保障する社会を

現在は、教育、福祉、医療など生活と人生にかかわる領域で、行政や専門家が選択肢を示して説明責任を果たし、国民が自己決定して選択し、契約できる時代だとされます。しかし、そこには権利なき自己決定というべき問題が潜んでいます。

第一に、自己決定のための選択肢をつくり出す社会資源が質量ともに貧困なために、十分な選択の結果を手にできないまま自分で責任をもたねばならず、自己決定が自己責任に転化されかねないということです。

第二に、自己決定の過程で、何がその人の生活と人生に必要で、どんな方向に歩むことが幸福につながるのかという思考と議論が軽視されているということです。その人の本当のニーズをつかむには、一、二年という短い単位ではない時間と集団の知恵が必要ですが、その労力を省略する傾向は、時間的経済的な効率性を旨とするこの時代の一つの帰結でしょう。

その効率性の原理が実践にまでおよび、障害者自立支援法による新しい「就労移行支援事業」や「就労継続支援事業」は、一定の期間で就労を実現したり、一定額の工賃を上げることができた作業所に、高い報酬が支払われる成果主義を導入しています。かつ、利用者には利用料の一割と給食費などが「応益負担」として新たに課せられたのですから、「自己決定も金次第」という現実の中に、障害をもつ人と家族、そして施設までもが、投げ入れられたようなものです（障害者自立支援法の詳細については、峰島厚・白沢仁・多田薫編

『障害者自立支援法の基本と活用』、全障研出版部、二〇〇六年、参照)。

一方で、真の自己決定にもとづく一人ひとりの発達保障を願う実践では、すぐには目に見える答えが出ず、それを担ってきた人たちは、この時代ゆえの苛立《いら》ちを強いられていることでしょう。しかし、その苛立ちを、生みの苦しみに変えていくことによってこそ、新しい時代は拓けるのです。

*

人生にふさわしい長い時間の単位の中でわが子と向き合う真摯な記録が、家族の手によって生み出されてくるのを目にして、私たちも手をこまねいて時代を見つめているわけにはいきません。実践の中で育ててきた価値あるものを、巣立っていった子どもや青年の姿をも呼び起こし、資料をたぐり寄せ、語り、綴ることによって、たしかめ合うべきときです。

守るに足るものを認識してこそ、苛立ちは確信に変わり、その確信を語ることによってこそ、共同できる人々の姿が見えるようになるのです。

第４章 障害をもって生きる

障害を引き受ける

「障害児たちは自分のあじわっている苦痛、乗りこえている困難を誇大には口にせぬ、総じてがまん強い者たちだが、かれら自身、障害を持って生きることで、――仕方がない、やろう！と自分にいった者たちでもあるのではないか」。

（大江健三郎『恢復する家族』、七七ページ、講談社、一九九五年）

「仕方がない、やろう！」、このことばに大江健三郎さんが託している意味は、一つではありません。しかしまず、障害をもっている人たち、そして家族も、人生のどこかの段階で、「仕方がない、やろう!」とその障害を引き受けて歩み出す瞬間があることを、親としての感慨を込めて語っているのです。私も障害児の家族の発達相談の中で、親と子の表情に、それまでの苦悩を蒸散させた笑顔を見つけ、何かが変わったことを実感させられた瞬間を、しばしば経験してきました。

さらに大江さんは、上田敏さん(日本障害者リハビリテーション協会顧問)の障害の受容過程のモデルによりながら、おおよそ次のような段階があることを、実感とともに紹介しています。

障害を受けることによって無関心や離人症的な状態になる「ショック期」、心理的な防衛反応として起こってくる障害の否定である「否認期」、障害の治ることが不可能であることを否定できなくなって、怒りやうらみ、悲嘆や抑鬱《よくうつ》の現れる「混乱期」、依存から脱却して価値の転換をめざす「解決への努力期」、そして障害を自分の個性の一部として受け入れ、社会や家庭の中に役割を得て活動する「受容期」。

つまり、障害を個性として自らの人格に位置づけていくまでには、これだけの短くない時間が必要であり、しかも、「受容期」にいたっても、さまざまな出来事の中で、新しい葛藤をのりこえていくべき障壁が存在するものです。

この過程をいかに歩むかは、一人ひとりの人生を背景にした自己決定に属する問題でもあり、障害受容の早い遅いや、葛藤の表現のいかんは、他から評価すべき問題ではありません。それを前提にしてですが、子どもと家族が、障害を含むいかなる現実と向き合いながら生きようとしているのかという実態への認識なくして、彼らを支えるしごとや社会のあり方を考えることはできないと思います。

障害を受け入れる人格の復元力

まず私が提起しておきたいのは、障害をもっている子ども自身の障害受容の過程は、突然の障害や病を負った人のそれと、あるいはわが子の障害を受容していく親のそれと、多少異なった現れ方をすることです。とくに知的障害をもつ子どもたちにとって、障害はじわりじわりと、子どもの前に立ち現れるのです。つまり、子どもは自らの発達や加齢とともに、障害の存在やありようを、しだいに認識するようになるということです。それはとりもなおさず、子どもの意識の中に、障害は根深く長く存在するようになるということでもあります。

かつて私は、子ども自身がさまざまな機能や能力の障害を、その発達の力によってどのように認識し、受容のために葛藤しているのかという内的世界のありようと、その世界の中で子どもが障害に立ち向かう粘り強い人格的な復元力を見せることを述べました（拙著『発達とは矛盾をのりこえること』第六章五節、全障研出版部、一九九九年）。ここでは、この視点を深めつつ、障害受容のための条件を考えてみたいと思います。

一つの障害を取り上げて例示してみます。自閉症の子どもたちの中に、ことばをもたず、道具を操作することの苦手な機能障害の重い事例が見られます。彼らの多くは、新しい活動や人間関係への不安を強くもち、それゆえに母親など身近な大人への密着と依存を強めます。また、水や紙などを対象とした常同行動を長く続けることもあるでしょう。苛立ちの表現としてのパニックや自傷行為にさいなまれることもあります（拙稿「重度自閉症の行動と発達」『障害者問題研究』第三三巻一号、一〇～一七ページ、全障研出版部、二〇〇五年）。

しかし、彼らはその障害の重さにもかかわらず、たとえば、周囲の会話に傾聴し敏感に反応することがたびたびあります。そこであえて発達診断をしてみると、提示したカードの図版に手に持っている積木を置くような間接的方法で応答し、ことばの理解においては、三歳ころの認識である「大きい―小さい」などの対比、さらには五歳ころの認識である大でも小でもない「中くらい」という中間項をわかりはじめる力をもっていることも、しばしば確認されます。つまり、目に見える機能障害の重さからは推し量れない認識の力があるようなのです。

彼らは、たとえば不快な表情をしながら鉛筆をトントンと紙に打ちつけることしかできず、手を思うように使えない苦しみを感じているようでした。その活動が他者によって提示され、結果を評価されるような場では、いたたまれない思いから、常同行動の世界に逃げ込みたくなってしまうのでしょう。

「中くらい」がわかりはじめるということは、大小の対比のような区別の認識だけではなく、「だんだん大きくなる」というような変化の認識を獲得しはじめることでもあり、その力をもって、彼らは自らの障害と相対しているのです。彼らは、「だんだん大きくなる」存在として、自分のことを認識できるでしょうか。しだいに見えるようになった障害が、そう簡単には変化していくものではないことを実感していくはずです。ときどき現れる苛立ちは、そんな現実との葛藤のようにも思われます。

ところが、日々の生活の中でよく見ると、緊張のあまりこわばっている手が、控えめな指さしをして、あれこれのことを伝えようとしたり、大人の活動を注視し手本に吸い込まれるように、打ちつけるばかりだった鉛筆で線や円を描いたりすることもあるのです。そのように、「やればできる」という実感をもつと、もっと挑戦してくれるでしょう。

彼らは、ことばを語ることがむずかしく、他者の意図を引き受けても企図した通りには活動できないことに不安を抱きつつ、しかし、指なら使えることもあるなどと自分の力を探したり、他者の活動に手本となるような手がかりを探したりしているのです。その姿を目にして、彼らは変化の意思、つまり障害からの復元力と言ってもいい内面的態度をもった存在であることに気づきます。区別の認識ばかりではない「中くらい」を認識しはじめる力が、苦手なことばかりではない自分の可能性を発見する力にもなりうるのです。

このように発達の力は、障害という自らの現実を認識する力であるとともに、変化の可能性と手がかりを学ぶ力にもなるという両面性をもっています。

ここでは機能障害の重い自閉症の子どもたちを例にしましたが、他の障害でも同じように考えられると思います。障害をもっている子どもたちは、発達とともに、こうありたいと願う自らの意図と、そうならない自らの現実の「ずれ」を認識するようになります。その「ずれ」が、子どもにとっての障害の認識ではないでしょうか。

そのとき、「ずれ」と向き合っている子どもの内面を周囲の人々がどう理解し、はたらきかけるかによって、その障害の意味は、少なからず修飾されていきます。「ずれ」を認識するしかない生活や教育ならば、子どもは自らの無力感を学習することになります。苦手なことばかりではない自らの可能性を学習できれば、「がんばればきっとうまくいくよ」と自分を励ます力を手にすることもできます。

この分岐点では、子どもの葛藤と復元力を見抜く大人の目が育っているかどうかで、子どもの行き先がわかれることになるでしょう。発達をはぐくむまなざしは、熱い心を宿しているばかりではなく、子どもの内面での発達と障害のつながり、そのつながりに影響する周囲のかかわり方や環境との関連を冷静に把握しようとする科学の心によって、子どもとともに発達していくのです。

障害を受容する二つの契機

障害を客観的事実としてとらえ、それでもがんばって生きていこうと思える契機は、その障害と向き合い、のりこえていこうとしている子どもの内面的な姿、仮に退行があったとしても、なおよく生きようとする姿を、見出し、励まし、ともに歩いてくれる存在がいるときにこそ、つくられるのです。たしかに、苦しみに立ち向かう子どもの姿を、親が見出し、ことばで語れるようになったとき、子どもの表情にそれまで見られなかった安堵が感じられるのでした。その共感や障害に立ち向かう手がかりをあたえてくれる共同の中で、おそらく子どもは「仕方がない、やろう！」と自らに言い聞かせているのではないでしょうか。

私は今、機能障害の重い自閉症の青年への作業所実践を検討しています。たとえば、台車で製品を運ぶ、園芸での収穫をカゴに入れる、その収穫が入れられた袋を地域の人に届けるなど、けっしてむずかしいことではないけれど、自分の果たす役割を集団の中で獲得していったときに、二〇歳をすぎている彼らにも、変化のときが訪れます。苦労して発見した自らの可能性が、さらに社会の中で価値ある力として位置づき、受容されていくときに、障害をもちつつも、同時に価値をもった存在として、自らを受容することができるのでしょう。そう考えると、障害の有無によらず、社会の中での自らの存在の意味や価値を獲得していく青年期の発達と普遍的に通じる課題を、彼らはのりこえようとしていたのでしょう。

総じて、障害と向き合う内面に心を寄せ、ともにたたかってくれる関係と、その中で得た子どもの確信を社会につなぐ関係という二つの共同によって、彼らにとっての障害受容の契機はつくられるのです。

*

大江さんは、前掲の本の中で、自らの講演原稿を引用しつつ次のように述べています。「障害者もその家族も、リハビリテイションにあたる人も、みなそれぞれ固有の苦しみを担っています。『受容期』にいたった障害者にも、その苦しみのしるしはきざまれています。家族にも、またリハビリテイションを助けて働いた人にも、それはあるはずです。しかもかれらみなに、共通するさらにあきらかなしるしとして、かれらが decent な人たちだ、と僕は考えてきました」。

私はこれを次のように読ませていただきたいと思います。つまり、本人や家族のみならず、障害受容を支える人たちにも、自らの人生における苦しみのしるしがあり、だからこそ障害児と家族の受容過程に共感的に寄り添えるのであり、そしてその苦しみの中から、decent を人格に刻み込んだ存在として、ともに人生を歩めるのだと。

decent とはむずかしいことばですが、おそらく、苦しみをのりこえた後の、あの他者に対する寛容と包容のある子どもと親の姿こそ、その核心的な意味だと思えるのです。

第5章 子どもをまるごととらえる

気持ちがついてこない

人を支え導くしごとには、通い合うことがあります。『佐久病院ナース物語』（あけび書房、一九九七年）で、長野県にある佐久総合病院の看護師・山田明美さんは、次のようなエピソードを紹介しています。

心筋梗塞で長いこと集中治療室に入院していた、八〇歳すぎのおばあちゃんがいました。幸い回復して一般病棟に移ることができたとき、看護師は筋力が衰えたまま歩けなくなることを心配して、少しずつ起き上がることへの援助をすることになりました。しかし、おばあちゃんはベッドにもたれて座ることすら、「息が苦しくって、ダメダメ」なのです。それなのに、看護師の目が届かないときには、自分でベッドの上にちゃんと座っているのでした。

それを見て看護師は、患者さんへの思いが強ければ強いほど、どうして自分たちの気持ちをわかってくれないのだろうと思ってしまいます。でも、よく考えてみると、まだ「患者さんの気持ちがついてこない」のです。そんなときは大抵気がつかないうちに、こちらの考えを押しつけているのでした。

「子どもの気持ちがついてこない」と言い換えるなら、その経験はしばしば私にもあります。難治性てんかんをもち、からだの障害の重い子どもたちに、物を目で追う追視の力を確認しようとして眼前に赤い輪を提示すると、必ず寝込む子どもがいました。しかたなくそのはたらきかけをやめると、程なくして目を開くのでした。抗てんかん薬の副作用で覚醒の水準が低下しているのかと思いましたが、何度も同じように反応されると、それだけではないようです。はっきり言って「狸《たぬき》寝入り」のように見えてきました。もし自分で回避方法を選択しているならば、追視のレベルを検討すべき発達段階ではなく、三歳ころの子どもに見られる「回り道からの挑戦」と呼ぶべき意味をもっています。三歳児はあまり寝たふりをしませんが、寝たままの姿勢でいる彼らにとっては、唯一の選択だったのかもしれません。

私たちは、この寝入る意味を検討することによって、それまで乳児期の発達段階と診ていた障害の重い子どもたちの中に、精神発達ではことばを理解し、「大小比較」など初期の概念も芽生えている事例を発見し、あえて注意を喚起する目的で「みかけの重度」と言いました（拙著『発達障害論・第一巻』、かもがわ出版、一九九四年）。彼らは、自分のことをわかってくれない大人への抗議のメッセージを、寝入ることに込めていたのかもしれません。

「子どもの気持ちがついてこない」ことは、たびたび起こりうることでしょう。たとえば、自閉症の子どもたちが、朝の通学バスから降りられなかったり、教室に入れなかったりすることはありませんか。そんなとき私たちは、教室で何をするのか見通しがもてないから、一歩を踏み出すことができないのだと考えます。だから、実物の教材や写真、絵カードなどの手がかりを見せて、その見通しをもたせようともするでしょう。

しかし、一生懸命伝達しようとすればするほど、子どものからだが引いてしまうこともあります。ひょっとすると、彼らは見通しのもちにくさだけで逡巡《しゅんじゅん》しているのではなく、「わかっちゃいるけど動けない」、まさに「気持ちがついてこない」のかもしれません。そんなときに教師の意図としての教室での取り組みをくり返し提示されると、いっそう気持ちは引いてしまいます。

実にあたりまえのことですが、彼らは、「楽しいことがきっとある」という期待感がもてるから、強い不安をのりこえていけるのです。つまり、見通しの中に期待という感情が内包されることによって、他者の意図を自分の意図として取り込んで、最初の一歩を踏み出せるということです。

このように「子どもの気持ちがついてこない」ところに、「気持ちがついていかない」子どもなりの理由が隠れています。私たちにはまだ見えていないことがあり、それが見えるようになってはじめて、キーポイントとなる指導の手がかりを得ることができるのです。指導は、多くの場合、子どもがその気になることによって成り立つものですから。

ありのまま、まるごととらえる

かつての私は、追視課題で寝入ってしまうような障害の重い子どもたちに対して、身体機能や感覚機能の反応しか見ようとしていなかったのでしょう。いかに障害が重くとも、その発達段階に相応した外界を認識する力があり、そして情動や感情も備わっているはずです。これらの力は、うまく焦点を合わせてはたらきかけてみないと、目に見える形で表に現れません（情動や感情を含む人格のことについては、第10章を参照）。

自閉症は、見通しなどを表象する力が制約されることが多いために、指導はその弱さへのはたらきかけに終始してしまいがちです。しかし、自閉症の子どもたちにも、手指操作を含む運動能力、感情、そして他者や外界と自分の意図を調整しながら活動する自我も、自閉症という障害の影響を受けつつ、備わっているはずです。

ところが私たちは、機能や能力のある側面のみをとらえて子どもを理解していることが、往々にしてあります。もちろん、あることに焦点をあてて分析することは、科学の方法として大切なことですが、人を支え導くしごとは、まるごとの能力や人格にはたらきかけるという広い視野ももっていなくてはなりません。したがって、指導実践における一面性は、多くの場合、克服すべきことなのではないでしょうか。

実際、発達は、さまざまな機能や能力が総体としてつながっている過程（道すじ）であり、その連関（つながり）には、感情や自我という人間的な心のはたらきも包み込まれているのです。連関を「ありのまま、まるごと」とらえることは、発達を理解する視点として、大切なことです。

「ありのまま、まるごと」をとらえようとすることは、自分の目では子どもの中にまだ見えていないことがあるということを自覚することでもあります。見えていないことのすべてを探ろうとする「全面性への要求」をもつことは、実践の中にある価値ある事実を拾い集めて、その中に法則を見出し、実践を科学に高めていくために求められる姿勢でしょう（拙著『発達とは矛盾をのりこえること』第七章三節、全障研出版部、一九九九年）。

そして、「全面性への要求」が向けられるべきは、子どもだけではありません。どんなに熱心に家庭での生活のあり方を説いても、親の「気持ちがついてこない」ことを、私もしばしば経験してきました。親の気持ちがついてこないときには、いかにこちらのことばに力を込めても、その理屈だけではのりこえることのできない生活の現実や葛藤が、親の「今」を支配しているはずです。それは、親の人生、家族や地域との関係、社会のあり方に根をもった、広いつながりの中で規定されている「今」ではないでしょうか。

その現実や葛藤をのりこえる力は、それを「ありのまま、まるごと」理解し、親の身になって考えて、その中で解決の方途と勇気をあたえてくれる関係があってこそ、生まれ出るのです。

このような生活や社会という「外なる世界」とのつながりをとらえることも、「全面性への要求」の中に含まれるべき視点です。もちろん、子どもも、発達や障害などの「内なる世界」ばかりではなく、外なる世界ともつながりながら、「今」を生きています。

希望を見出すための共同を

子どもの気持ちがついてくるためには、子ども自身がまだ見えていない自分に気づく必要があります。からだの障害の重い子どもたちが、眼球の動きや瞬き、指の小さな開閉などでも自分の意思を伝達できることを知ったとき、生きることの実感をはじめて手にしているかもしれません。その精一杯の表現を感じ取り、意味づけ、伝えたくなる生活を創造する関係の中で、子どもは自らの可能性を学習していくのです。

ある自閉症の子どもにとって、たとえば教師が熱心に取り組む「からだ」の教材が、教室への一歩を逡巡させる本当の理由だったとしましょう。最初の一歩のコツを手ほどきしてくれる教師によって、ローラースケートのできる自分を知ったとき、学校生活の彩りが変わるかもしれません。実はそのとき、企図した通りにからだを動かせないという運動能力への不安が、彼には根深く存在していました。子どもも、自らの発達の連関のありようを認識するがゆえに苦手意識をもち、自分の変化への見通しがもてず、苦しむ時期がありまます。子どもはその不安を、教師との共同作業により見出した希望と期待によって、のりこえていくことができるのです。

さて、山田さんの紹介しているおばあちゃんは、二ヵ月という時間をかけて、行きつ戻りつしながら、再び自分の足で歩けるようになりました。おそらく、人生の希望を取り戻していくために必要な時間だったのであり、看護のしごとはそのことへのたしかな支えとなったのでしょう。

＊

「まず一歩下がって、どうして動けないのか患者さんの身になって考えてみる。これが、頭を下げる気持ちではないかと思うのです。いまできないのなら、また次の苦しくないときにと一歩ゆずります。時間や方法を変えて、言葉を変えて働きかけてみるのです」。

山田さんが立ち戻る看護師としての原点は、この「患者さんに頭を下げる気持ち」だと言います。「駆け出し」だったころ、廊下を歩いている患者さんを忙しさのあまり追い越していくのが申し訳ない気持ちでいっぱいになったとき、山田さんは「がんばってください、もうちょっとですよ」という気持ちを込めて、「頭を下げる気持ち」で走り抜けていったのだそうです。そんな気持ちも、後で考えれば新米看護師の「甘い」悩みとして回想されることですが、山田さんは「それでも…」と思います。

「看護にあたっては、患者さんの気持ちを受け入れ、大事にする。まず相手を、ひとりの人間として尊重する」。看護のしごとに慣れてくるとついつい忘れてしまうこのことの大切さを、若い看護師を導く立場にある今、「頭を下げる気持ち」の中に見出したというのです。

「頭を下げる気持ち」は、そこに込められている人格の謙虚さによって、一人よがりを克服し、一面的にならないための用心深さを私たちにあたえてくれる普遍的な意味をもっているように思います。たとえば、力まず、自己顕示を捨てて、いっしょにはたらく仲間のことばに謙虚に耳を傾け、「ありのまま、まるごと」を探るために共同できる集団性こそ、人を支え導くしごとに不可欠な要件であることを、この虚飾のないことばから、私はあらためて認識したのです。

第6章 矛盾にはたらきかける

「発達は要求から始まる」

一、発達は要求から始まる。
二、発達は権利である。
三、発達は集団の中で達せられる。
四、発達の可能性は創り出すものである。

（青木嗣夫・松本宏・藤井進『育ち合う子どもたち―京都・与謝の海の理論と実践』、九八ページ、ミネ

ルヴァ書房、一九七二年）

これは、一九七〇年に開校した京都府立与謝の海養護学校の学校づくりの運動や実践の中でたしかめられてきた「発達の四原則」と言われるものです。全国障害者問題研究会（全障研）などの発達保障の研究運動の草創期とも重なる時代に見出されてきたこれらの原則は、今日においても、実践によって内実が豊かにされるべき価値をもっています。

さて、「発達は要求から始まる」とはどういうことでしょうか。私は、障害者問題に関心をもちはじめた学生時代、滋賀県にある重症心身障害児施設「びわこ学園」の療育を記録した『夜明け前の子どもたち』（財団法人大木会心身障害者福祉問題綜合研究所作品、一九六八年）に出会いました。

映画の中ごろで、プールをつくるための石を野洲川で集めようと、「園外石運び学習」がはじまりました。その仲間の中に、ヒモを手放さず、石運びの中になかなか入らない上田君がいました。先生が、坂の上まで石を運んだらヒモをあげるからとうながしてはみたものの、彼はヒモを受け取ろうとする手をはねのけるばかりでした。うまくヒモが放せて、坂の途中まで運ぶこともあるのですが、急に険しい顔になって、仲間の中から外れていってしまいました。そんなことをくり返しながら、あるとき上田君は不承不承ながら、石を運び上げることができたのです。その彼に先生は、ねぎらいの気持ちを込めてヒモを手渡したのですが、彼はそれを捨て、さらに石運びの缶を放り、そして学園のバスに自ら身を隠してしまったのです。

解説する田中昌人さん（全障研初代委員長）のナレーションは、「心のツエをただ他のものに置きかえよう、そのことだけに一生懸命になって、じらしてしまうことになると、結局上田君は心のツエを自動車の中に入るという形で自分よりもっと大きな世界をツエにしてしまう」と述べ、「心のツエ」の意味を語っています。

映像の中での上田君は、何かとたたかっていました。ヒモを放し、ギリギリのところまで心をもちこたえるのですが、どうしても最後の一歩を踏み出せません。それは、石運びを要求する先生とのたたかいにも見えますが、それ以上に彼は、心の中で自分とたたかっているようでした。

上田君にとっては、見知らぬ場所や多くの仲間の中で、ヒモはまさに不安を支える「心のツエ」であり、手放せるものではありません。彼はヒモを握りつつも、たしかに石を運ぶ仲間の躍動を感じ取り、自分も意味ある活動に参加することを願ったのでしょう。不安にさいなまれる閉ざした世界で生きようとする「古い自分」を放擲《ほうてき》して、仲間とつながりながら生きる「新しい自分」になりたい。そのぎりぎりのところで、彼は自己変革の一歩を踏み出したのです。しかし、彼の最後の一歩に添えられたのが、古い自分の象徴でもある「ヒモ」でした。

上田君のように、自分をつくり変えたい、新しい自分になりたいという願いを、私たちはもっています。この願いが、発達要求ではないでしょうか。

ここで言う「要求」とは、生活の中でのあれこれの欲求とはちがい、自分と向き合う自己変革をともないます。ゆえに発達とは、「できないことができるようになる」という直線的なものではなく、発達要求に先導され、古い自分を否定し新しい自分をつくり上げようとする、行きつ戻りつ、回り道もある過程なのです。

変化・発展の原動力としての矛盾

まずは、意識の世界における発達要求のことを考えます。新しい自分になりたい願いは、つくり変えたい現実の自分があるからこそ存在するのであり、逆に現実の自分は、新しい自分への願いがあるからこそ、意識化されることになります。このように、互いに他を必要としながら、退《しりぞ》け合い対立している関係を矛盾と言います。矛盾する関係は、そのままの状態で両立し続けることがむずかしく、新しい自分をつくることに駆り立てる運動が起こらざるをえません。だから矛盾は、変化・発展を引き起こす原動力なのです。

たとえば、引力と慣性の矛盾による物体の運動や、支配するものとされるものの矛盾による歴史の発展など、私たちの周囲には自然や社会の変化・発展の原動力となる矛盾が、さまざまに存在しています。そして人間発達にも、矛盾が原動力として潜んでいるのです。広い視野でながめるなら、さまざまなレベルで子どもの矛盾を見つけることができるでしょう。「できるようになりたい」「わかるようになりたい」という具体的な要求と現実の自分の能力の矛盾、自分で意識しているかどうかはともかくも、人格をつくり変えたい要求と現実の自分の間に生じる矛盾、外からの期待や要求を引き受けたことによって生じる課題と現実の自分の間の矛盾、他者と自分の関係や集団と自分の関係に生じるさまざまな矛盾。矛盾に向き合うことは、自己変革に踏み入ることになるので、子どもにとってはしんどいことです。しかし、矛盾をのりこえていくことなしに、変化の契機は訪れません。

指導は、子どもの発達要求をたくみに呼び起こすはたらきかけであるとともに、矛盾をのりこえるための道すじや援助、激励を、機敏かつ的確につくり出すしごとと言えるでしょう。その過程では、矛盾に立ち向かう能動性や、外界と自分を調整しつつ、それぞれを新しく創造する力などが、指導によってつちかわれていきます。

発達要求や矛盾は、直接的に意識化されるとは限らず、上田君の「ヒモ」のように、目に見える行動の背後に隠れていることもあります。つまり深部に、発達の道すじに生じる法則的な矛盾、より本質的な矛盾が息づいているのです（拙著『発達とは矛盾をのりこえること』、全障研出版部、一九九九年）。

発達の道すじに生じる矛盾を例示してみましょう。たとえば、一歳半の発達の質的転換を達成していくとき、子どもは「○○したい」という意図をもって活動するようになります。手の操作でも、「入れる、渡す、載せる」などを試みるようになりますが、思い通りには操作できず、意図したことと能力の矛盾を実感しイライラするでしょう。しかし子どもは、他者によって励まされ、成功や失敗を共感されながら、この矛盾に挑戦し達成感を積み重ねていきます。このとき他者は子どもの矛盾に対して、支持し受容する存在ですが、同時に子どもとは異なった意図をもち、子どもの意図を制限する存在として、子どもには認識されるようになります。自他の意図の相克《そうこく》という新しい矛盾が、子どもには生じているのであり、この矛盾は自分の意図が受けとめられなかったとき、「だだこね」やある種のパニックとなって現れることでしょう。本質的には、自他の意図を調整する力（自我）を獲得していくという新しい課題を、子どもが引き受けることになります。

このような発達の道すじにおける矛盾を認識することは、行動の意味を表面的にとらえることから脱却して、そこにある発達の可能性や矛盾をのりこえていくための指導の手がかりをつかむことに役立つでしょう。

ひびき合い、つながり合う矛盾

この過程における他者は、大人に限られません。たとえば、仲間の姿に憧れて、子どもは積木を積む遊びに挑戦するし、思い通りにならないで積木が崩れてしまっても、仲間たちの楽しそうな姿に誘われて、立ち直るきっかけをつかむことでしょう。その一方で、それぞれが意図をもった存在として、子ども同士でぶつかり合うようになります。子どもは、自らの意図をいっそうたしかにしていく契機や、自他のぶつかり合いを調整できるようになる契機を、仲間がいて集団のある世界の中で広げていきます。

上田君の姿に戻るなら、彼の手からヒモを放させ、最後の一歩を踏み出させたのは、ともに石を運び坂を上りゆく仲間たちの姿だったのではないでしょうか。一見無関心であり、集団からはずれてしまう上田君ではあっても、きわめて不器用な形で仲間と連帯しつつ、矛盾をのりこえていこうとしていたのだと思います。矛盾を外に開き、人間的な連帯に支えられてのりこえていこうとしている子どもたちの姿は、閉じた関係でしか矛盾と向き合えなくなりつつある現代への警鐘でもあります。

矛盾とつながるさまざまなことがらを認識しようとする「全面性への要求」（第５章参照）

をもつことは、さらに広い関係で矛盾をとらえることを私たちに求めます。たとえば、障害児者の権利保障を後退させようとする昨今の情勢は、まじめに暮らしはたらく人々の生活を脅かす社会の根本的な矛盾の現れです。その社会の矛盾の現段階は、発達の矛盾をのりこえることを粘り強く支えるべき福祉・医療・教育などを、貧困なものにしてしまいます。

さらに、矛盾を内包した過程として発達をとらえる視点を排斥し、目に見える行動変容に価値があるとする子ども観、指導観にすり替えようとするでしょう。それは集団を解体し、矛盾を個の世界に閉じ込めてしまう指導につながります。

矛盾を、個人の内的過程においてのみとらえるのではなく、社会的な関係における矛盾の連関としてとらえること、とりわけ社会の発展過程における矛盾との連関を見すごさない視野が、われわれには求められているのです（個と集団と社会の矛盾の連関については、第12章参照）。

*

「組織する指導性を身につけた指導者は、子どもたちのほんのちょっぴりの変化〝極微の変化〟を敏感に捉えることのできる虫眼鏡の眼を持ち、民族のこれから進むべき道を科学的に見通すことのできる遠眼鏡を身につけ、一方からだけ一面的に見るのではなく、多面的、全面的に八方と上下から見ることのできる十面鏡を備え、外側だけでなく、中核を見ることのできる透視眼鏡を持たなければなりません。そして、その眼鏡の精度をますます磨きあげねばなりません。それが人間発達にとりくむ指導者自身の発達のための課題です」（青木他前掲書、一六三ページ）。

　この三〇年以上も前に自覚されつつあった指導者自らの発達要求は、今日あらためて、発達への権利をないがしろにする社会の矛盾の現段階に対して、私たちがいかに向き合うべきかを問いかけてきます。結果として一歩、二歩の後退を余儀なくされたとしても、矛盾に立ち向かう中でたくましくなる「心のバネ」は、後退を挽回《ばんかい》してあまりある力を、私たちの連帯の中に形成することでしょう。たたかいつつ矛盾をのりこえていく子どもたちの姿は、私たちの自己変革を励まし、社会の矛盾をのりこえていく力をあたえてくれるはずです。

第7章 生活と教育をつなぐ

生活綴方の教育

「先生はこの教壇からみんなを見ていて、一人一人が本当に尊い命を持っているのだと思う。みんなとおんなじ人間は、地球始まって以来、地球がなくなるまで、二度と生まれてこないんだ。綴り方は、そんな尊い自分の思うことを、誰にも遠慮せずに、全部吐き出すことだ。何でも言える世の中、それが最高の世の中だ。人の真似なんかせずに、自分の言葉で書け。どう書いていいかわからなかったら、何でもかんでも、じっと見つめてみろ。

書いているうちに、書き方は次第にわかってくる」。

（三浦綾子『銃口・上巻』、三二四ページ、小学館文庫、一九九八年）

三浦綾子さんの『銃口』での青年教師・竜太のことばは、生活綴方の本質を語ろうとするものです。「綴り方」は今日で言えば国語での作文のことですが、そこに「生活」が冠せられ「生活綴方」になることによって、特別の意味をもつ教育になります。

昭和のはじめの大恐慌のころから、東北や北海道の農民は冷害も重なって困窮極まる生活を余儀なくされていました。

生活綴方は、その生活を綴り、互いの作品について語り合う中で、生活の現実やそこから発する感情をありのまま見つめて、自分のことばで自由に表現することの大切さを子どもたちに学ばせようとした教育でした。農民は貧乏であってあたりまえ、家父長的な家族観は絶対的なもの、天皇は拝礼すべき存在、などという既成概念を砕き、自分の目で見て自分の頭で考え、人間や生活、社会について本質的に認識できる力を子どもに育てようとしたのです。

さらに、「生活綴方は、自由にリアルに書こうとする子どもを育て、その綴方によって子どもの問題を理解し、子どもの生きる態度を読みとって、人間的に幸福に生きようとする、願いと、知恵と、力とを、子どもの中に育てるのである」と教育学者の小川太郎さんが定義するように、教師は、子どもの生活の事実、感情や意思を知り、そこにある矛盾にはたらきかけて、現実に甘んじるのではなく変革する意思と力をもった子どもを育てようとしたのです（『小川太郎著作集・第三巻』、二八五ページ、青木書店、一九八〇年）。

私的なことですが、戦後再興した生活綴方の指導を受けた経験が、私の生活やしごとの根幹をつくっていることを否定できません。かつてその一端を『発達の扉・上』（かもがわ出版、一九九四年）に書きました。私は群馬県の養蚕地帯で育ちましたが、わが家に「お蚕《こ》様《さま》」はいませんでした。

小学校五年生の生活綴方の時間に先生が読み上げたのは、「ミッちゃん」の「蚕」でした。朝早く起きるのは眠いけれど、蚕に桑をやると、すぐに「パリパリ」と食いつく元気な音が聞こえてきて、今日もがんばろうという気持ちになるという短い綴り方でした。先生は、「父ちゃん、母ちゃんのしごとを一生懸命助けているミッちゃんだから、蚕の元気な音が聞こえるようになったんだね」と言いました。

私は、それから綴り方が書けなくなりました。「語るべき生活」がないことに気づいたのです。これらの経験は、「語るべき生活」とは何か、それはどうしたらつくれるのかを問う課題を、私にあたえ続けています。

生活と教育の往還をつくる

生活綴方は、作文指導とは異なったねらいのもとで行われる教育です。綴り方、つまり作文が上手に書けるようになるためには、適切なことばの選択や文法の正しい使用、たくみな段落構成などが大切な要素ですが、そのような技能（スキル）の指導は、生活綴方教育の中では中心的な課題とはなりえません。むしろ、技能の指導に重きを置くと、生活をリアルに認識し自由に綴るという生活綴方の勘所《かんどころ》を押さえられなくなるのではないかと議論されてきました。

この議論は、生活綴方と作文指導の異同にとどまらない教育の方法を示唆しているようです。その普遍性は、文章の書ける子どもに限らず、話しことばの段階にある子どもや、笑う・泣くなどの感情表現で意思伝達しようとする子どもにも、そして、乳幼児期や卒業後の生活にも広がるものと思われます。

障害児教育の中で考えてみましょう。朝、鞄の中の着替えをめずらしく自分でロッカーに移しながら先生に微笑みかけてくれた子どもの姿は、昨日、母親とともに洗濯した大好きなトレーナーのことを伝えたかったのであり、自分で折りたためた喜びも込めているのかもしれません。

いつになく泣きそうな顔で学校にやってきた表情に、あるいはいつもより大きな笑顔で朝の出会いの喜びを表現してくれた表情に、読み取るべき家庭での生活の事実があることを、教師は知っているはずです。想像力を発揮して子どもに問いかけ、子どもが伝えようとしたのであろう生活の事実を探りつつ、みんなの中で共感しようとするでしょう。その教師の姿勢は、事実の把握が多少的外れであったとしても、子どもにはうれしいこととして受けとめられるはずです。そして教師は、子どもの伝えようとした事実に出会うことによって、その生活の喜びを増し加えるためにはたらきたいという思いに駆られることでしょう。


伝えたい事実を受けとめるのは、学校だけではありません。たとえば、お母さんが洗濯物を取り込んで階下に降りると、養護学校から帰ってきたわが子が、糠床《ぬかどこ》から引っ張り出したキュウリを切り刻んでいたのです。連絡帳を開くと、調理学習で先生の手助けを得ながら、包丁を使えたくだりが書かれていました。お母さんには、学校でのわが子の奮闘が、ありありと思い描かれました。

放課後は、子どもが学校で手に入れた力を、ちょっとお母さんの目を盗んで小手試しする時間なのです。

こんなこともありました。お母さんがトイレに入ると、トイレットペーパーの端が折り込まれていたのです。作業所の先輩がさりげなく教えてくれたエチケットを、誇らしい気持ちで再現して見せた娘の姿に、お母さんは大人になりたいわが子の願いを感じ取りました。不器用な指先で苦労して折り込んだ姿を思い、日ごろの労働が育ててくれたさまざまな力が、そこに実っていることを知るのでした。

これらの姿は家族の喜びとなり、そして教育や労働の場への信頼や期待を醸成することになります。

かつて施設教育の中で、「子どもは夕方発達する」と言われましたが、その意味を実感できる事実があるときには、子どもの中に生活と教育をつなぐ往還、つまり行き戻りできる道がつくられつつあるということです。生活の中のどんな小さな発見であれ、喜怒哀楽であれ、試行錯誤であれ、そこに潜む大切な意味を受けとめてくれる存在があるからこそ、子どもは生活にはたらきかけ、生活を創造し、自分自身をも創造していく発達の道程を歩むことができるのではないでしょうか。つまり、生活の事実を聞き取られる中で、子どもは生活に適応するための受動体から、生活を創造するための能動体に生まれ変わる契機をあたえられるのです。

能動的に生きようとする意思があればこそ、生活を豊かにするための認識や技能は、適切な指導のもとで子どもによって学ばれていくのであり、そうして教育の場で学んだことが、さらに生活をよりよく生きようとする力になっていくのです。

今日、生活と教育の往還ではなく、むしろ相互の分断がつくられてはいないでしょうか。そんなとき子どもは、一方の場での不満やストレスを他方の場で表現することに腐心することもあります。ここでは分断の要因についての不確かな私見を述べることは控えますが、一言すべきは、生活の主人公になり得てこそ、子どもは生活と教育の往還をつくるようになるということです。

生活の歴史に学び、生活を創造する

ある研究会で、大阪の若い教師の実践報告を聞きました。彼女は、家庭訪問でお母さんが誕生からのアルバムを開き語ってくれたことばに、二年間も口から食事をとることができなかった事実を知り、自分の手と口で食事ができるようになったわが子へのお母さんの特別の思いを感じたのです。そして、食が細いことばかりに目を向けていた自分の視野の狭さを思い知るにいたったというのです。生活と教育をつなぐためには、生活を時間の断面でとらえるばかりではなく、子どもと家族の歴史においてとらえる姿勢、子どもの幸福を願う家族の思いへの共感をもって、その歴史に学んでいく姿勢が大切だということを、私は、この若い教師に学びました。

かつての生活綴方も、教師たちが生活の事実を読み解く目を自己教育しながら、子どもとともに生活の現実を変革していくことを意図したものでした。ゆえに、子どもの貧しい生活と向き合うことが、その教育の宿命でもありました。その貧困は、経済的な意味に限定されません。とくに障害をもっている子どもたちの生活は、過去も現在もさまざまな制限を受けていると言えるでしょう。まず障害による活動の制約によって、さらに障害をケアし活動を保障すべき社会的条件の不十分さによって、その年齢や発達にふさわしい生活を享受することのむずかしい現実があります。そして今日、子どもを生活から遠ざける社会のあり方と無関係でいることもできません。

かつて私は、重症児施設の訪問学級に在籍する子どもたちへの「おひさまでポカポカに干した布団で寝る心地よさを伝えたい」という兵庫県の教師、三木裕和さんの実践を紹介して、子どもの生活の歴史に学ぶことが、教材にいのちを吹き込むことになると述べました（拙著『発達とは矛盾をのりこえること』、一五九ページ、全障研出版部、一九九九年）。つまりそれは、障害をもっている子どもたちの生活の歴史と向き合い、その貧困を見すごさない教育が、生活を創造することにあずかれるのであり、生活と教育をつなぐ往還をつくるうえで、その教育の役割は、いよいよ大きいということです。

＊

生活綴方は、そこから生まれ出るヒューマニズムや民主主義への希求が、戦争を遂行する全体主義への批判になっているとして弾圧され、多くの教師が職場を追われました。三浦綾子さんの『銃口』は、日本が太平洋戦争に突き進む前夜、北海道の「綴方教育連盟」に加えられた治安維持法違反嫌疑での弾圧事件を題材にしていますが、そんな時代にあっても、人間の尊厳を守り抜こうとする人々の連帯が育ちつつあったことを、描こうとしているのです。

私たちの国では今また、生活と教育の往還を大切にし、いのちと平和と精神の自由を守ろうとする教師への謂《いわ》れなき攻撃が加えられつつあります。しかし悲観せず、油断せず、慌てず、戦争へと進んだかつての過ちをくり返さないために大切なことは、こんなときだからこそ仲間を信頼して、ヒューマニズムによって結ばれる連帯の輪を広げていくことです。

歴史に学び歴史をつくる人の輪を粘り強く結び合う研究運動が、私たちには求められているのではないでしょうか。

第８章 はたらく喜び

「ありがとう」が聞こえる範囲

「考えてみるとさ、今の農家は、気の毒なもンだとオレは思うよ。どんなにうまい作物作っても、食ったやつにありがとうっていわれないんだからな。誰が食ってるか、それもわからねぇンだ。だからな。おいらは小さくやるのさ。ありがとうって言葉の聞こえる範囲でな」。テレビドラマ『北の国から』での父親・五郎のことばです。

息子・純は、それを聞きながら、くじけそうになりながらもゴミ集めのしごとを続けられたのは、ゴミの袋とともに「ごくろうさま、ありがとう」のことばをさし出してくれる富良野の人たちがいたからであり、「人に喜ばれている」思いが、日々の労働を支えてくれていることに気づくのでした（倉本聰『定本　北の国から』、九二八ページ、理論社、二〇〇三年）。

人間にとっての労働の意味の一つは、「人に喜ばれている」という意識の内にあり、その意識によって私たちの労働に対する意欲や目的意識性は支えられているのです。

今日、作業所ではたらく仲間にも、「人に喜ばれている」思いに満ちたさまざまな姿を見出すことができます。私が、兵庫県のあぜくら作業所とともに編集した『成人期障害者の自立と豊かな生活』（クリエイツかもがわ、二〇〇四年）から見てみましょう。

祥一さんは、ことばは少なく、手しごとも苦手で、ボルトとナットを締め合わすような「軽作業」のしごとはできません。しかし、仲間のためにボルトとナットを箱に入れて運ぶことはできます。手元や足下に注意を集中させて、励ましのことばを背中に受けながら、仲間のところまで運び、手渡すことができるのです。

「入れる、運ぶ、渡す」という活動は、簡単なことのように思われますが、それがはじめてできたときの、子どもの笑顔を思い起こしてみましょう。その表情は、「入れる、運ぶ、渡す」の意味や価値を、喜びとともに共有してくれる関係があればこそ、現れ出るのです。「自主製品」のクッキーやパンを運んでいって、地域の人に味わってもらうしごとに参加できるなら、仲間はその配達を心待ちにするようになるかもしれません。廃品回収のための彼らの来訪を歓迎してくれる地域の人がいるならば、その出会いもうれしいことでしょう。

こんな実践も紹介されています。入所当初は手もちぶさたで、ふざけてばかりいた肢体障害の四人の仲間が、紙すきのミキサーを担当することになって、みるみる変わっていきます。紙ちぎり、水入れ、紙入れ、スイッチ操作の四つの工程を、自分で選んで分担することになりました。どれも紙をすくために「なくてはならない」しごとです。そのことが他の仲間からも認められて、「自分たちのしごと」の大切さを発見したのです。誰かのしごとが滞っていると励まし合えるし、トイレに行く仲間には「僕に任せてくれ」と手をふって送り出します。

自分たちが大切な役割を果たしているという認識が、彼らの生活全体を変えはじめました。掃除のモップかけにも知的障害の仲間と参加し、家庭を離れて訓練ホームでの生活にも挑戦するようになったのです。

これらの実践には、人間にとっての労働のあり方を示唆する具体的な説得力があります。まず、一人ひとりに合ったしごとが、何より大切にされていること。そこでは、発達や障害に配慮したしごとの中身が、試行錯誤を経て工夫されています。そして、でき方やでき高などの目に見えることだけでしごとを値踏みせず、そのしごとがもっている意味や価値を、仲間の内面から形成しようとしていること。さらに、仲間同士で互いの役割を認識し、支え合い、認め合い、力を合わせる集団づくりが大切にされていること。

このような労働の中で仲間は、自らをいっそう高め、価値あるものを生産して、人や社会とつながることを求めるようになるのです。まさに労働は、発達保障そのものと言えるでしょう。

現代における人間と労働

このような実践に触れ、私は現代における労働と人間の関係をあらためて問い直さざるを得ません。かつてマルクスは、労働と人間との悲しむべき関係を次のように述べました。「彼は彼の労働のなかで自分を肯定せず、不幸と感じ、なんら自由な肉体的および精神的エネルギーを発展させず、彼の肉体を苦行で衰弱させ、彼の精神を荒廃させるということである」(『経済学・哲学手稿』、一〇二ページ、大月書店国民文庫、一九六三年)。この一九世紀中庸の機械制大工業の発展期の実態は、今日におよぶ資本主義社会の中での一般的現実になっています。なぜでしょう。

労働は、人間が目的意識的に自然にはたらきかけて変化させ、自らの必要とするものをつくり出す活動であるとともに、そうすることで自らの能力や人格を発達させていく過程でもあります。そこで生産される事物には、役に立つ性質、つまり「使用価値」が込められます。その生産物は、自分にとって使用価値をもつだけではなく、他者にとっても使用価値をもつゆえに、物と物の交換が成立することになりました。

やがて、人間が生産力を発展させる中で、物を商品として大量に生産し交換する商品経済が生まれ、すべての商品の価値を表現するための等価物として、貨幣が使用されるようになりました。つまり、労働の結果としての生産物は、使用価値をすでにもっていたのですが、それが商品経済で流通することになり、貨幣によって表現される価値を二重にもつことになったのです。

今日労働者は雇用される関係のもとで、自らの生産した物ではなく、労働力を商品として売り、その対価である賃金を手にして生活を営んでいます。しかし現実は、「はたらけど　はたらけど猶《なお》わが生活《くらし》楽にならざり　ぢつと手を見る」（『一握の砂』）と石川啄木が歌ったように、人間を豊かにするはずの労働の本質からは、かけ離れてしまっています。労働者は賃金以上にはたらかされ、その賃金以上に生産している価値が、「金儲け」のために労働者から搾取された価値、つまり剰余価値なのです。しかも労働者は、生産したものを私有して社会に提供できないために、それがもっているはずの使用価値を認識することができません。つまり二重の「不幸」を強いられているのです。

使用価値を認め合う関係

作業所などでの労働は、この資本主義のシステムと無関係でいることができない性質と、その関係から自由になれる性質をあわせもっています。

仲間は、はたらいて手にした賃金（給料）で生活を営む必要をもちつつ、賃金が生活を保障する額にはほど遠い実態に苦しんでいます。その背景には安価な工賃しか得られないという先述のしくみがあり、かつその工賃の範囲内でしか仲間に給料を払えないという社会保障の貧困があります。

さらにその賃金は、仲間の労働力や生産物がもっているはずの使用価値を表現するものではありません。つまり、自分の労働が、どんなに役に立つ性質をもっているかという価値を具体的に認識するきっかけを、仲間は得られないでいるかもしれません。しかも私たちが、労働の価値は賃金の多寡《たか》によって表現されるという意識に侵食され、賃金保障のためだけに仲間の労働を鼓舞することもないとは言えません。

資本主義のシステムから自由になるとは、市場の流れの中に入らない「自主製品」を考案するなどの工夫でもありますが、私はそれとて、収入の多寡によってのみ労働が評価されるならば、貨幣で価値づけられる労働としての枠に縛られることになると考えます。逆に、「下請け」のような商品経済に組み込まれた労働であっても、大切なものを取り戻していくきっかけをつかむことは可能ではないでしょうか。

たとえば、ある作業所での実践ですが、レクリエーションの旅程で駅弁を買って開いてみたところ、その弁当は銀色に内装された馴染みの箱であることを目にして、箱折りに従事する仲間は「弁当の箱、弁当の箱」と言い合いながら、箱折りをがんばるようになったというのです。仲間はその経験の中から、弁当の箱という使用価値をもった箱の生産にかかわっていることを学び、労働の意味を認識していく端緒を得たのでした。もちろん偶然の発見ではなく、指導員が周到に計画していたことです。

マルクスは、次のようにも記しています。

「われわれが人間として生産したと仮定しよう。そのときわれわれは、自分の生産において自分自身と相手とを、二重に肯定したことであろう。

私は、生産において私の個性を、その独自性を、対象化したことであろう。したがって私は、活動の最中には個人的な生命発現を楽しみ、そして対象物をながめては、私の人格性を、感性的に直観できるきわめて確かな力として知るという喜びを味わうことであろう。私の生産物を君が享受したり使ったりするとき、私は直接に、つぎのような喜びを味わうことであろう。私は労働することによって人間的な欲望を充足し、したがって人間的な本質を対象化し、それゆえに、他の人間的な本質の欲望に適合した対象物を供給した、という意識の喜びを」。

（「ジェームズ・ミル著『政治経済学要綱』からの抜粋」『マルクス・エンゲルス全集・四〇巻』、三八二～三八三ページ、大月書店、一九七五年、訳一部改）

自分らしい能力と個性を込めた生産が、商品や貨幣のみならず、他者の要求にかなう使用価値をも生産していることを知るとき、私たちは賃金を稼ぐ手段としての労働から、労働そのものを目的としてはたらくことへの転換を果たしていく動機をあたえられるでしょう。それは、商品、貨幣が介する人間関係ではなく、使用価値を認め合い人格として認め合うことが可能になるような自由な関係による新しい共同体を創造していく実践でもあります。それは言うまでもなく、人が人を搾取したり支配する社会ではなく、人間の能力と個性が尊重され花開く、理性と正義によって建設される未来社会です。

＊

障害をもっている人たちの「はたらく喜び」を求める姿が、私たちの要求を代表していると見るならば、その要求に応えうる実践を探求することによって、作業所などの施設は未来社会の萌芽を示す役割を果たすことになるでしょう。その役割を自覚すれば、私たちは、仲間への十分な賃金を含む包括的な所得保障を実現する課題、求められる実践にふさわしい作業所の運営費を公的に確保していく課題、などを避けて通ることはできません。そして、その実現のためには、まじめにはたらく人々が自らの労働を肯定できない社会の根本的な矛盾を克服していく課題があることを、いよいよ認識することになるはずです。

第9章

生きる力としての文化

オーケストラがやってきた

小学生だったころ、おんぼろバスに乗り、大きな楽器を担いで、私の通う小学校にオーケストラがやってきました。バイオリンのお兄さんがビオラ、そのお兄さんがチェロなどとおもしろい話をしながら、たくさんの曲を聞かせてくれました。そして、『赤とんぼ』を歌いました。演奏が終わって、校庭の桜の木の下でアルマイトの弁当箱を開いていた彼らの姿を、私は忘れません。

このオーケストラが「群馬交響楽団」でした。今井正監督の『ここに泉あり』（独立プロ、一九五五年）は、その前身「高崎市民フィル・ハーモニー」を描いたものです。敗戦の荒廃の中から、「音楽を通じて日本を世界的な文化国家に高めていく」ことを願って結成されたこの楽団は、楽器と弁当をもって群馬県の隅々に音楽を届けようとする「移動音楽教室」を主な活動としていました。映画の中では「フル・ハーモニカ楽団のみなさん」と紹介されてずっこけ、つめかけた村人が聴きなれないクラシックに飽きて次々と帰ってしまう悔しさも味わい、しかし、瞳を凝らして聴き入っていた少女が手折ってくれた野の花に涙したりします。楽団員の生活もままならず、一人去り二人去りしながら、「何年も同じことを繰り返していたにすぎないことが、多少の鍛錬になった」のか、その演奏は次第に人々の心をつかみはじめます。

彼らが、ハンセン病患者の入院する草津の栗生楽泉園《くりゅうらくせんえん》を訪れたとき、患者は音なき拍手で迎えます。

「私たち、永劫に救われることのない世界にいるものは、みなさんの訪れをどんなに待ち望み、楽しみにしていたことか、おそらくご想像もつかぬことと思います。今日は私たちの目前で美しい音楽を奏で、生きる喜びを味わわせていただける日であります。この思い出は一生、一生、忘れることはないでありましょう。本当によく来てくださいました」。取り除かれることのない柵を隔てて、楽団の奏でる『マイ・オールド・ケンタッキー・ホーム』と患者の心が一つに結ばれていきます。

文化は、このようにして届けられます。文化をつくり伝えようとする人の意思があり、それを待ち望む人の苦楽ある生活と人生があるからこそ、文化は人々の心の中に、届けてくれた人の思い出とともに、とどまり続けることができるのです。そのお仕着せではない文化が人をつくり、人生を支える心の柱となりうるのではないでしょうか。

生きる喜びを伝えたい

兵庫県の教師、原田文孝さんは、幸一くんにまどみちおさんの詩『空気』を、思いを込めて読んで聞かせました（『重症児の心に迫る授業づくり』、かもがわ出版、一九九七年）。

ぼくの胸の中に、いま入ってきたのは
いままでママの胸の中にいた空気
そしてぼくがいま吐いた空気は
もうパパの胸の中に入っていく

同じ家に住んでおれば
いや同じ国に住んでおれば
いやいや同じ地球に住んでおれば
いつかは同じ空気が入れかわるのだ
ありとあらゆる生き物の胸の中を

（略）

（『まどみちお詩集　宇宙のうた』、かど創房、一九七九年）

幸一くんは、乳児期から気管切開をして人工呼吸器をつけ、就学とともに病院を離れて在宅生活にこぎつけることができました。その彼の生活の歴史やことばにはならない内面を思い、読み上げる教師の心には、どうすることもできない「ざわつき」が現れたのです。読み終わったとき、幸一くんの目には涙が流れました。そして彼は、この詩を聞くたびに涙を流したのです。

ここでの教師の胸のざわつきとは何だったのでしょうか。おそらく、幸一くんの人格とその歴史において最も大きな意味をもつ「空気」を詠った詩によって、幸一くんの琴線に触れることへの躊躇《ちゅうちょ》や葛藤が、情動反応となって現れたのでしょう。それでも、胸のざわつきを抑えながら読み続けた教師には、この詩によって幸一くんに何かを伝えられる確信があったにちがいありません。

この詩と教師の声、そしてともなう情動は、呼吸に集中することによって生き続けてきた幸一くんの今への、歓喜のメッセージとなって伝わっていったのです。それがこの詩に出会うたびに流れる涙の意味であり、この詩によって幸一くんには、生きていることを肯定できる喜びが、込み上げてくるのではないでしょうか。

「我々の芸術は飯を食えない人にとっての料理の本であってはならぬ」（小林多喜二の創作メモ、小樽文学館展示、一九三一年）と言われるように、文化や芸術に求められるのは、すべての人に対して、その人生のいかなるときにおいても、生きる力をわき立たせてくれる要素であり、そんなときにこそ思い出されることば、口ずさみたくなる歌、蘇る光景、などではないでしょうか。

このように人間の極限における文化の意味を考えることによって見えてくるのは、生きる力を鼓舞する要素は、生きることや人生の選択をさりげなく後押ししてくれる文化との出会いのそここに存在しているということです。

笑いころげてしまった後で、しんみりと寅さんのことばに耳を傾けてしまう、そんな場面が、『男はつらいよ』（山田洋次監督）にはたびたびあります。「人間は何のために生きてんのかな」と甥の満男に問われて、「なんて言うかな、ほら、あー生まれてきてよかったなって思うことが何べんかあるじゃない。そのために人間生きてんじゃねえのか」と寅さんは答えます（『男はつらいよ　寅次郎物語』、一九八七年）。

こんな場面は、くり返し見たくなります。たびたび見ていると新しい発見があり、大げさに言えば人間や世の中の見方が変わったような気がすることもあるから不思議です。「寅さん」は、いつも私たちの生活の近いところにいてくれて、彼からにじみ出るその生活感情に共感できるから、笑いと勇気を同時にあたえてくれるのでしょう。

文化的生活を営む権利

人間が人間らしく、より良く生きるための力としてつくり出してきたものと定義するなら、文化は、衣食住という日常の生活行為の中にも、空気のように存在しています。たとえば食においては、食材をつくり、選び、どうしたら美味しく食べられるかを考えながら調理し、その味をつくってくれた人の心とともに味わうことで、楽しい食卓がつくられていきます。それは、インスタント食品やファスト・フード店では味わうことのできない食文化と言っていいでしょう。

食べることは、生命の基本であるとともに、感覚や美的感性、そして人とつながりながら楽しむという人間的な諸能力を発達させていく生活の基本でもあり、そこにその人らしい食べることの文化が形成されていきます。技術の発展によって、手間を省き時間を節約して調理できるようになったことも、文化的生活の一つの側面ですが、同時に、手をかけ時間をかけなければならないこともあるのであり、そうすることによって、長い歴史の中で重ねられてきた文化は守られ、引き継がれていくのです。

今日、味覚や食文化の伝達に配慮の必要な障害児の学校給食に、「民間委託」や、冷蔵保存したものを温め直す「クックチル」が採用される（京都市立養護学校）など、食文化という発想は微塵もない、「経費削減」のみを目的とした食事が提供されようとしています。「おいしいね」と語り合えることが給食のあるべき姿であり、それをつくってくれた人と使用価値を共有し合える関係（第8章参照）こそが、教育労働の基本単位なのですが。

また、「ホテル・コスト」として給食に高い費用負担を求める障害者自立支援法も、施設給食にはコストに換算できない営みがあることを無視し、栄養とエネルギーの補給源としか見ていない食事観をもっています。問われるべきは、このような政策における文化性の欠如です。

食の問題に限らず障害児教育の中では、効率的に行動の変容やスキルの形成を求める教育内容や方法が比重を高め、子どもへの文化の伝達や創造が後ろに押しやられているように見えます。障害を背負いながら長い人生を生きる彼らに、いつでも口ずさみたくなる歌、心に蘇ることばなどを届け、文化を介して人とつながれる豊かな人格を形成する教育であってほしいと思います。そして、一人ひとりがもっている無二の内的世界に働きかけて、文化を享受する主体から文化を創造する主体へと、彼らを育ててほしいものです。

かつて、京都府立与謝の海養護学校の草創期に語られた、「最高の文化を子どもに伝えようとする教師は、最高の文化に出会わなければならない」ということばは、文化を創造する主体としての教師への最高の賛辞であり、教育内容編成と研究の自由の保障であり、財政的にも教師の研修の裏づけを確保していく姿勢を表現したものでした。しかし今日、教師は希望の研修に参加することもままなりません。

このように見てくると、障害をもっている人たちの文化をめぐる昨今には、それを守るための「たたかい」と表現しなければならない現実があるのでした。

＊

日本国憲法第二五条一項

「すべて国民は、健康で文化的な最低限度の生活を営む権利を有する」。

結核療養所に入院していた朝日茂さんは、生活保護法にもとづく生活扶助費の支給水準は憲法二五条に反して低すぎるとして国を訴えました。この朝日訴訟は、一九六〇年の東京地裁判決によって主張が全面的に認められ、憲法第二五条が将来の施策のプログラムを定めた条文にすぎないという国の主張をしりぞけて、生存権の確立に大きな足跡をのこしました。

しかし、生活扶助費の支給をもって、生存権の保障は完結するものではありません。いかなる生活が「健康で文化的な」ものかという「生活と人生の質」を問い、その内実を権利として保障する課題は、その後にのこされたのです。そしてその課題は、生活と人生を支え豊かにするための福祉や医療、教育の保障とその労働の専門性の高まりによってこそ達成されるのです。

憲法は、保障すべき権利内容の基準を具体的に規定するものではないゆえに、それをもっているだけでは、国民の権利保障は実質化しません。憲法は、常に現実の国民の生活への想像力を喚起する取り組みを要請し、その取り組みがあることによって、権利の内実をつくり上げていくための創造力を体現できる力をもった法なのです。

障害者自立支援法によって、生存権に基づく最低保障さえ反古《ほご》にされかねない事態も生じている今日、憲法二五条によりながら、文化的な生活の内実も含めて生存権を創造していく課題が、私たちには提起されているのです。

第10章 人格を形づくる

「私たちはしだいに沈着になり、温和になる。そして介入と行動への欲望が少なくなればなるほど、自然の生命や同胞の生命に関心をもって眺め入り、耳を傾け、それらが私たちのかたわらを通りすぎるときには批判することなく、その多様性にいつも新たな驚きをもって、時には思いやりと静かな憐れみの気持ちで、時には笑いと明るい喜びをもって、ユーモアの心をもって眺める能力がますます大きくなってくるのである」。
（ヘルマン・ヘッセ『人は成熟するにつれて若くなる』V・ミヒェルス編、岡田朝雄訳、草思社、一九九五年）

ヘッセは、青年期においては神学校の寄宿舎を脱走し、入り直した高校も退学して、書店員をしながら詩人となりました。中年期においては、家族や自らの精神障害と向き合い、老年期ではスイスにいて反ナチスの立場でドイツからの亡命者の援助に心血を注ぐなど、人生のそれぞれの段階を激しく、かつ静かに生きました。内面においても行動においても能動的であったその人生の回顧は、老いてもなお人間には肯定的な変化があり、年齢とともに「大きくなるもの」があることを語っています。

私たちの能力は、子どもや青年のころにはあれほどに力を増し続けたのに、ある時期から減退を免れません。私もそのいくつかを経験しはじめているのです。しかし、たとえば忘れっぽくなりつつも、自分にとって本当に意味や価値のあることは、洗練された記憶としてとどまり続けることを経験しています。これからも、この減退と生成の狭間で人生を歩んでいくのでしょう。能力や機能の発達とは異なって、それも包み込みながら加齢とともに変化し発達するものがあるのであり、それが人格と総称されるものではないでしょうか。であるならば、人格とは何であり、人格はいかに形づくられるのでしょう。

認識と感情、意思のつながり

第5章で触れた、子どもを「まるごととらえる」とは、個々の能力や機能をバラバラに、あるいは部分的に見るのではなく、相互につながり影響し合うものとしてとらえるということです。その連関があることによって、能力や機能の単なる総和ではない、人間としての「まるごと」の性質であり、その人らしい無二の人格が形成されていくのです。

ルビンシュテインは、この連関を次のように整理しました。「われわれをとりまいている事物と人びと、現実の諸現象、世界において生起しつつあるできごとは、何らかの仕方で、それらを反映する人間の要求と関心に触れる。だから、具体的総体性における心理過程は、認識的過程であるばかりではなく、感情的＝意志的過程でもある。それらは、現象についての知識ばかりではなく、それらへの態度をも表現している」（寺沢恒信訳『存在と意識（下）』、三五八ページ、青木書店、一九六一年、改訳）。

つまり、人間心理は、事物・事象や他者をどう認識するかだけではなくて、その外界の諸現象に対する関心や要求という感情や意思のはたらきももっています。この二つの過程が連関することによって、人間心理は外界の事物・事象とどうかかわるかという活動を調整する機能を果たすことができるのです。

ところが、この外界を認識する過程と、活動を鼓舞する感情、意思の過程がつながり合うには、成り行き任せではない、人格として形成していくための意図的な取り組みが必要です。それが人間社会における、広い意味での（学校教育に限らない）教育的作用です。しかし、このつながりをつくるのは容易ならざることです。

セリグマンは、しばられた二匹の犬を使って次のような実験をしました（平井久・木村駿監訳『うつ病の行動学』誠信書房、一九八五年）。一方の犬は、パネルを頭で押すことで電気ショックを回避できますが、もう一匹の犬はそれができません。その後、この二匹の犬は自由に動ける部屋に入れられ、ランプが点灯してから五秒以内なら部屋を出て電気ショックから逃げられる条件の下に置かれます。すると、前者の犬は逃げ出したのに、後者の犬はジッとして逃げることができませんでした。つまり、自分では解決できない状況に置かれ続けると、解決できる状況になっても動くことができなくなるのです。これが学習性無力感と呼ばれるものであり、認識の過程も、感情、意思の過程も、はたらかなくなった状態です。かわいそうな実験であり、犬の実験が人間心理の説明にそのまま適応されるものではありませんが、同じようなことは人間にもありうるのではないかと思います。

その一つとして、青年期から成人期に向かう二〇歳代の障害をもった人たちに垣間見る「危機」と呼ぶべき傾向があります。一つは、作業所などに通うためのエネルギーが次第に減退し、家から外出することも好まなくなるケースです。もう一つは、他者や自分に対して苛立つようになり、攻撃的な行動が頻発するケースです。二つの傾向は別々に存在するわけではなく、一人の中で相互に変転することもあります。

なぜこのようなエネルギーの減退が起こるのか。セリグマンの実験と同じような問題として、むずかしいことを求められ続けたり、逆に簡単すぎて達成感を味わえないことばかりをあたえられると、人間でも意欲は萎えてしまうでしょう。だから、一人ひとりに焦点を合わせた教育や労働が求められるのであり、発達的視点の意義の一つはそこにあります。

しかし、原因はそれだけではありません。「できる」ことが増えても、本人が喜びを見出せなかったならば、周囲からの叱咤激励や評価によってがんばり続けなければなりません。外から動機づけられた活動の蓄積は、やがて精神の疲弊にいたります。そこでは、「できる」こととその喜びが結びつかず、認識の過程と感情、意思の過程が乖離していくのです。

苛立ちなどの情動の変化は、一〇歳代の思春期のそれと二〇歳代のそれとでは、明らかに背景を異にしているように見えます。和歌山県在住の村田峰子さんは、母親のまなざしでこのちがいを活写しています（「出会ったみんなにありがとう」『みんなのねがい』「この子と歩む」二〇〇五年一二月号、全障研出版部）。

中学三年生の六月のある日、学校の屋上スペースに小さなプールが置かれているのを発見した息子の耕平さんは、先生に〝プールに入りたい〟と何度も訴えたものの通じませんでした。そこで、紙に「プール」と書いて渡すと、彼が字を書けるなどと思いもよらなかった先生は「びっくり！」して、二人だけのプールタイムとなりました。思いが通じたことがうれしくて、彼は学校が大好きになりました。

卒業後は、所長の人柄そのままのアットホームな作業所へ。彼の仕事は、帰宅後毎日続けているお茶入れを作業所でもすることになりました。最初は機嫌よく通っていたのですが、毎日パニックを起こし、自傷のほか、仲間をつねったり物を壊したりするようになり、一年間ほぼ在宅の状態が続きました。しばらくして、新しい作業所から「お花見」に誘ってもらい、それを出発点に違和感なくとけ込んで通えるようになりました。イライラすることもあるのですが、洗ビンの作業班にも入れてもらって、「毎日ルンルン」で家を出ているそうです。おそらく在宅の一年間は、自分を再構成するための時間だったのでしょう。

思春期の情動の変化は、「こうあってほしい」という外界への願いと、現実の外界の「ずれ」への苛立ちであり、「こうありたい」という自分への願いと、現実の自分の「ずれ」への苛立ちでもありました。この二つの矛盾が、思春期危機の一つの背景であり、子どもと外界がお互いに折り合う術を身につけ、子どもの能力が自己信頼感をともなって発達していくことによって、のりこえていくことができます。

一方、成人期へ向かう年齢での危機は、たとえば、その作業をなぜ自分がしなければならないのかがわからないことへの苛立ちや、作業を取り組む自分の価値をとらえられないことへの悲しみのように見えます。社会の中に自分の存在価値を見出し、それを「自分らしさ」として受容し、自己定義していくアイデンティティを確立するための生みの苦しみのようです。そこでは、「わかる」「できる」ことに喜びを見出し、認識の過程に感情、意思の過程を結びつけようとする要求が強まっているのであり、二つの過程は緊張関係にあります。第８章「はたらく喜び」で紹介したドラマ『北の国から』の〝純〟は、まさにこの苦しみの中から、「ゴミ集め」のしごとをしている自分が、父親ゆずりの労働観を身につけはじめていることを悟り、そこに自らのアイデンティティを発見していくのでした。

意味と価値を見つける

山田洋次監督の『学校』で、夜間中学に通う初老のおじさんイノさんは、担任の黒井先生から出された「ハガキを書いて送る」という宿題をしようとしません。文章をつくるのも字を書くのも、大の苦手なのです。しかし、「文字にするっていうことは、しゃべるっていうこととは別なんだぞ、口ではうまく言えないっていうこと、あるだろう。それを文章にする、つまり書くっていうのはそういうことなんだ」と教えられ、「手紙っていうのは口で言いにくいことを書く、そういうことなのか」と納得して、一週間もかけて恋する田島先生にプロポーズのハガキを書いたのです。白紙のハガキを渡されてもその気にならなかったイノさんが、文を書く意味を飲み込んだ瞬間、がぜんがんばり出しました。

活動や労働に意味や価値を認識できることによって、認識の過程は感情、意思の過程によって鼓舞されるようになります。その結果「わかる」「できる」ようになった喜びが、「もっとわかりたい、できるようになりたい」という「心のバネ」の機能を生み、能力はさらに発達していきます。そこにおいて二つの過程は結びつき、人格は他律ではなく自律的に活動をつかさどる機能を宿すようになり、たくさんの能力や文化を包摂して、個性化していくことができるのです。学習性無力感は、人格にこの機能が失われつつある状態と見られます。

このように感情、意思の過程をともなうことによって、能力は人格を具現化することができます。たとえば、イノさんのハガキの文字はまだ上手ではないけれど、イノさんらしい思いが込められ、人格が映し出されているのです。かくのごとく人格を宿す「ことば」が使えるように導くのも、教育の役割ではないでしょうか。

総じて広義の教育は、認識と感情、意思の結びついた能力を形成する役割をもち、その能力は、何が大切なことかという意味と価値を識別して認識し、意味と価値を新たに創造することのできる力になります。

そして労働も本来、意味や価値を認識することによって、生産物に「人格を対象化する」、つまり人格を込めることのできる活動なのです（第8章参照）。

このように考えると、意味や価値を認識する課題は、青年期から成人期の移行に限定されるものではなく、人生のそれぞれの段階で、加齢とともにその質を変えながら立ち現れるもののように思います。四〇歳から五〇歳においても、「人生の選択」「第二の人生」などということばで表現される人格の再構成が行われるのではないでしょうか。

＊

人格の備わった能力は、さまざまなことの意味や価値を広く深く認識しようとするまなざしをもち、他者のことばや活動、生産物に込められた人格も認識することでしょう。その結果、思いを一つにするという意味での compassion、つまり他者への思いやりももった寛容で度量のある人格が、危機をのりこえ年齢を重ねながら形成されていきます。たとえば、青年期の衝動的で抑えがたい情動も、相手の痛みや悲しみを予期しイメージできれば、あらかじめ自分で調整するようになるのです。

私たちの国では、学ぶということが、その意味や価値のわかりにくい知識や技能の「つめ込み」であったり、「やる気」も「思いやり」も「愛国心」も心のもちようとして他律的に強要されたりします。この認識と感情の二元論を克服していく力は、二つの過程を統《す》べ合わせた人格の形成そのものを目的とする発達保障の実践の中から生まれ出てくるのです。

第11章 発達保障のための想像力

想像力をはぐくむ多様性

「人は、なぜ自然に目を向けるのだろう。アラスカの原野を歩く一頭のグリズリーから、マイナス五〇度の寒気の中でさえずる一羽のシジュウカラから、どうして僕たちは目を離せないのだろう。それはきっと、そのクマや小鳥を見つめながら、無意識のうちに、彼らの生命を通して自分の生命を見ているからなのかもしれない。自然に対する興味の行きつく果ては、自分自身の生命、生きていることの不思議さに他ならないからだ。

僕たちが生きていく環境には、人間をとりまく生物の多様性が大切なのだろう。オオカミの徘徊する世界がどこかに存在すると意識できること――。それは想像力という見えない豊かさをもたらし、僕たちが誰なのか、今どこにいるのかを教え続けてくれるような気がするのだ」。

（星野道夫『アラスカ　風のような物語』、二四九～二五〇ページ、小学館文庫、一九九九年）

「想像力という見えない豊かさ」。極北の生命を愛しながら、ヒグマに襲われ不慮の死を遂げた写真家・星野道夫さんは、多様性ということばを好み、たびたびその大切さを語っていました。

彼は、二つの多様性があると言います。一つは、「生物の多様性」。自然の中には人間だけがいるわけではなくて、たとえばオオカミが生きている。日本では絶滅して見ることはできないけれど、世界のどこかでオオカミが生きていると意識できることによって、それを想像するという豊かさが生まれる。だから、オオカミに限らず、いろいろな生き物が生きていることは、いろいろな生命を想像することにつながり、結局自分を含む人間の生命への想像力に帰結するというのです。

もう一つの多様性は、「人間の暮らしの多様性」。さまざまな土地で、さまざまな価値観をもった人間が生きている。アラスカのイヌイットの人たち、インディアンの人たちも、それぞれがちがう価値観で暮らしを営んでいる。自分とちがう価値観の人たちの暮らしを見るとホッとするし、結局は自分自身を見つめ、自分を認識することにつながるというのです。

アラスカにオオカミがいようと、どんな人々の暮らしがあろうと、日本人の生活には関係ないことなのですが、それを意識しないということになると大切な何かが欠落していくことになるのではないか。それが想像力であり、それによってもたらされる人間の豊かさははかりしれないと、星野さんは語っていました。

アラスカの自然や人々の暮らしとともにあり、そこにある多様性の一つひとつを愛していたからこそ、彼の写しとめた世界は、生命の躍動するドラマなのです。

這い回るしたたかさで現実を知る

障害をもつ人々、ひいては人間の発達の可能性の開花を権利として実現していこうとする発達保障の運動は、そのために現実の制度を粘り強く改善し、ときに無から有をつくり出してきました。

憲法学者の奥平康弘さんは「人間が作り維持してきた人為的な制度は、人の意識や行動を媒介することなしに駄目になり、自然に消失するはずはない」」、そして制度を維持しようとする支配層やその同調者は、制度がもっている問題へのいかなる「想像力」もはたらかせはしないが、現状を変革しようとする立場に立つものは、懸命に、あるいは効果的に「想像力」をはたらかせて、そのための根拠を明確にする挙証責任を果たさなければならないと言います。

さらに、「『想像力』をかもし出し、誘い、それへの同調の輪を広げてゆくには、理論作業だけではとても無理である。『想像力』は、認識した諸事実を積み重ねて有無を言わさぬ形で論証する種類の精神作用であるよりも、より感性に訴え、そのレベルから納得へと迫ってゆく心のはたらきだからである」（『憲法の想像力』、五ページ、日本評論社、二〇〇三年）とされます。つまり、人間の「感性」への説得力をもち、そのことによって「納得」という認識レベルにいたろうとする粘り強い作業が必要なのであり、それはヒューマニズムと科学を結ぶ道程でもあります。この道すじはいかにつくられるのでしょうか。

学生時代、田中昌人さんから「子どもや親や仲間を選り好みしてはならない」「発達保障を志し発達診断に携わろうとするものは、年に千人の子どもをみなければならない」「這い回るようなしたたかさで現実にわけ入ること」とよく言われたものです。私は、ようやく最近になって、そのことばの意味をわかりはじめています。

「選り好み」しないことは、権利の平等性を担保するための大前提ですが、それだけではなく、現実にわけ入る入り口のところで自分の見たいことだけを選んでいたならば、見えないことに開かれるべき想像力の扉は、閉ざされたままになるでしょう。したたかに現場に入り、目と耳と感性と思考によって現実を知ることによって、多様性の中にある本質的に大切なことを見つけることができるのです。ようするに、障害をもつ人々の幾多の生活の現実の中で「這い回る」ようにはたらいて、発達保障にとって大切な実践や理論の課題が見えてくるということです。

若い教師が子どもの家庭に足を運び、わが子がはじめて親の手から食事を摂った日のことをお母さんから聞きながら、食の細さばかりに目を向けていた給食指導での自分の姿勢を問い直したなどという実践報告（第7章参照）に出会うと、発達保障の未来への希望がわいてくるようです。

学童保育への障害児の入所を求める運動に参加していたとき、こんなことばを聞きました。「肢体障害の子の家では、お母さんが使うからだも心も、私たちと場所がちがうねん。流れる時間もちがうねん。家に行ってはじめて知ったわ」。障害が異なれば生活も異なった時間として流れていく。放課後の生活を守るために、互いの生活を家庭において知ろうとする取り組みの中から、あらためて自分の生活を見つめ直すことができたと、交々《こもごも》語られていたことを思い出します。そうすることによってこそ、小異を捨てて大同につけるような親の共同が成り立つというのです。つまり多様性への感性と想像力が、共同のための普遍性の認識へと道を開くのです。

かつて私も、自分への戒めとして『発達の扉・上巻』（一三〜一四ページ、かもがわ出版、一九九四年）に次のように書きました。「家族にたいする深い愛情、労働の本当の価値を尊び、勤める構え、そして労働を通して社会の進歩を進めようとする構え。そんな真摯な生き方を自分に問わないところで、そして、生活のなかで前を向き、葛藤し、前進しようとする力をもたないところで、父母の生活に真に共感する姿勢など、うそになってしまうでしょう」。

若すぎることばですが、自らの生活と労働において、いかに生きるかという拠点があってこそ、他者の現実への想像力も共感も生きてはたらくようになると気づいた日が、私にもあったのです。

平和と発達保障をつなぐ想像力

作家の池澤夏樹さんは、アメリカの攻撃を受ける前のイラクの人々の暮らしの中に入りました。

「アメリカ側からこの戦争を見れば、ミサイルがヒットするのは建造物３３４７ＨＧとか、橋梁４４９０ＢＢとか、その種の抽象的記号であって、ミリアムという名の母親ではない。だが、死ぬのは彼女なのだ。（中略）彼女たちと出会い、その手で育てられたトマトを食べ、市場でその笑顔を見たぼくは、彼女たちの死を想像してしまう自分を抑えることができない」。

「ナシリアの町で、一人の男がロータリーの縁石を白と緑に塗り分けていた。走る車の中から一瞬見ただけだが、ペンキの刷毛を動かすその手の動きをぼくはよく覚えている。世界中どこでも人がすることに変わりはない。自分と家族と隣人たちが安楽に暮らせるように地道に努力すること。それ以外に何があるか」。

（『イラクの小さな橋を渡って』、七一〜八一ページ、光文社、二〇〇四年）

そこには、家族と自分の幸せを願いながら努力している私たちと変わらない人々の暮らしがありました。それを思い描くことができるならば、誰も銃口を人に向けようとはしないでしょう。いわば、戦争は暮らしの多様性の中にある普遍的な営みを捨象してしまう意識の中でたたかわれるのであり、それは自分の生存にのみ目を向ける強者の意識によって引き起こされるのです。

一方、障害をもつことが例外的な事象としてあつかわれ、その生存が自己責任の原則に投げ入れられようとしている今、すでにその政策を進める為政者は、障害をもつ人々への想像力を枯渇《こかつ》させていることでしょう。障害をもつ人々だけではなく、多くの社会的弱者に対して、さらにこの国の侵略の歴史に対しても、それを「過去」としてあつかうことで想像力をはたらかせようとはしないのです。自分のことしか考えられないような「強い国」になってしまわないように、私たちにできることはなんでしょう。

たとえば森を形づくる木々は、それぞれが自分の力で屹立《きつりつ》しているように見えながら、小さな木であっても、その枝で周囲の木を支えています。その木の葉脈に陽の光が届かなくなって枯れてしまうと、まわりの大きな木もやがて枯れてしまうこともあります。強そうな木も自分の根っこだけで立ち続けることはむずかしいのです。同じように、障害をもつ人も、その存在によってともにある人々を支え、そうすることで社会そのものの根っこを支えている事実を、私たちは実感し想像し得ているでしょうか。

生命を慈しみ、ときに絶望の中にあっても障害をもつゆえに生まれる喜びに満ちた生活があることを知り、そこにある普遍性にふれることで、私たちは自身の人間としての生き方を問い直すことに向かわざるをえません。障害をもつ人々とその生活は、社会の多様性の大切な構成要素であり、それが守られることによって、想像力に溢れた豊かな社会を創造することができるのです。そこにおいて想像力は、生命の尊厳と平和の大切さに思いいたる力、そして目に見えない仲間と手をつなぐ力にもなります。

＊

障害をもつ人々の生存権を守り発達を保障するための共同の輪を広げていく取り組みが、今日ほど自覚的に求められる時代はなかったでしょう。

そのとき、いかに正しいことであろうと、抽象的なことばやスローガンだけで人々の心を引きつけるのはむずかしいものです。発達保障に求められるのは、心に届き、想像力を喚起しながら正義の感情に訴える、力あることばです。「這い回るしたたかさ」で障害をもつ人々の現実から生まれる願いや要求を紡ぎながら、そんなことばを手にしたいと私は願います。

第12章 手をつなぎ合う発達保障

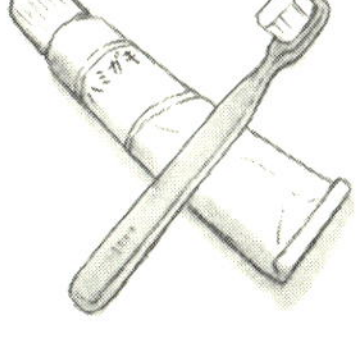

「世界ぜんたい幸福にならないうちは個人の幸福はあり得ない
自我の意識は個人から集団社会宇宙と次第に進化する」。

（「農民芸術概論綱要」『宮沢賢治全集・第一〇巻』、一八ページ、ちくま文庫、一九九五年）

宮沢賢治の講義ノートに登場することばは、彼の作品の多くを貫く主題でもあります。たとえば『銀河鉄道の夜』で、主人公ジョバンニは、「ほんとうのさいわい」を探すために、天気輪の柱の丘から銀河鉄道に乗ります。その空間に乗り合わせた人々は、「鳥を捕る人」、氷山にぶつかって沈んだ船でおぼれた小さなきょうだい、その家庭教師という青年たちです。友だちのカンパネルラもいっしょでした。

おかしなかっこうで鳥を捕まえて風呂敷にくるくる包んだり、その鳥を美味しいからと気前よく乗客に振る舞ったり、ジョバンニの切符を「こいつは大したもんですぜ。ほんとうの天上へいける切符だ」とほめたりする「鳥を捕る人」は、はじめジョバンニにとって「奇体」であり「邪魔」でもありました。でも、その一つひとつの姿を思い出してみると、「この人のほんとうのさいわいになるなら、自分があの光る天の川の河原に百年つづけて立って、鳥をとってやってもいい」となぜか思われるのでした。

おぼれゆく親に子どもを託されて、救命ボートを必死に漕ぐ水夫のことを家庭教師の青年から聞きながら、「氷山の流れる北のはての海で、小さな船に乗って、風や凍りつく潮水や、烈しい寒さとたたかって、だれかが一生けんめいはたらいている。ぼくはそのひとのさいわいのためにいったいどうしたらいいのだろう」と、ジョバンニはふさぎこんでしまうのでした。

やがてカンパネルラが目の前から消え、彼の名を呼びながらジョバンニは夢から覚めます。町に戻った彼を待っていたのは、星祭のあかりを流そうとして川に落ちたザネリを救おうとして、水面《みなも》に消えたカンパネルラの死でした。

北の海で働いているはずの父は帰らず、ジョバンニは病の母と暮らしています。そして、放課後は活版所で活字を拾い、朝は新聞配達をしながら小学校に通っています。そのことを気遣ってくれているのは、ただ一人、カンパネルラだけであることをジョバンニは痛いほど感じているのです。でもジョバンニにはカンパネルラと遊べない現実があります。そして「あああほんとうにどこまでもどこまでも僕といっしょに行くひとはないだろうか」とさびしい心を吐露するのでした（『宮沢賢治全集・第七巻』、ちくま文庫、一九九五年、一部改変）。

人間の本性としての共同性

宮沢賢治が自らを投影するように描きたかったことは、ジョバンニの「さびしさ」に隠された「さいわい」への願いだと私は思います。賢治は、ともに生きる他者、つまり貧困、悲しみ、苦しみを抱きつつ、「一生けんめい」はたらくという勤労の価値をともに携えて、いっしょに「どこまでも行く」ことのできる存在を願い求めていたのではないでしょうか。

宮沢賢治が無意図的であっても語っていたことは、人は人なしでは生きることができないということ、今日的に言うならば、人間の本性《ほんせい》としての共同性ではないかと私は思います。共同性には、互いに他を必要とするということと、必然的に共有し合うものが生まれ、力を合わせて価値を生産するということが、わかちがたい二つの性質として内包されています。この共同性によって、すべて人間は他者によってその存在を必要とされるゆえに、平等な存在であることが担保されているのです。

本書においてすでに私は、労働は自らの能力と人格を込めて生産したものを、「役に立つ」と喜んでくれる他者があればこそ、そして文化は自らの人格を込めて創造したものを、「生きる力」として享受してくれる他者があればこそ、新しい意味や価値をもつようになると書きました。しかし、それは自然発生的な道すじではありません。

第9章「生きる力としての文化」で紹介した映画『ここに泉あり』で、ハンセン病の人たちが入院する栗生楽泉園を訪れた群馬交響楽団が奏でたのは『マイ・オールド・ケンタッキー・ホーム』でした。帰郷を許されることのない人たちは、どんな思いでこの曲を聴いたのでしょうか。

映画の中でこの楽団は、思いに溢れてクラシックを演奏しても、村人が次々帰ってしまうばかりの「移動音楽教室」をくり返しながら、その失敗によって自分たちを見つめ、問う契機をあたえられます。そして、文化を待ち望む人たちの生活と人生に思いをいたして、そこに精神を結び合うようにして生まれ出た演奏が、『マイ・オールド・ケンタッキー・ホーム』だったのです。

いかに力や心を込めようと、それが他者に受け入れられない「ずれ」、つまり矛盾や葛藤に直面するときもあるでしょう。職場の人間関係、しかりです。そこに生まれる「ずれ」を知り、まだまだ自分も他者も変わらなければならないし、変われる存在であることを認識することによって、他者との共同は深まります。そこにおいて、個の発達と共同性によって結ばれた集団の発達とがつながり合うのです。

個人・集団・社会の発達の糸

ＳＭＡＰの『世界に一つだけの花』がいろいろなところで歌われるように、「もともと特別なオンリーワン」としての自己実現をとげることへの願いは、広く深いものがあります。しかし今、幸福の追求や自己実現が、人とのつながりを欠いた個人的なものに閉じ込められてしまっているように思えてなりません。そこには、自分や集団、社会の中に生じる矛盾、葛藤を避けようとする心が見えます。本当は、個人や集団、社会が発達していくために、矛盾、葛藤と向き合うことはとても大切なことなのですが。

その矛盾、葛藤と向き合い、のりこえていく力はどこから生まれるのでしょうか。

本書のもとになった連載が『みんなのねがい』に掲載された二〇〇五年度は、障害者自立支援法をめぐり、応益負担や、その児童の分野への導入に反対する運動が、不屈に取り組まれた一年でもありました。たとえば広島県の乳幼児の施設にわが子を通わす保護者や職員の方々は、『子どもの権利ハンドブック』を手にし学び合いながら、抗議のハガキやファクシミリを送り続けたそうです。わが子は障害をもとうとも権利の主人公であることを学び、その正しさを確信していく集団が、矛盾、葛藤を内包しつつ、つくられていったのです。

つまり集団には、何を共有し合い、どの方向に向かうかが常に問われているのです。発達保障を願う集団にとって、集団内の矛盾を原動力としながら、その集団を発展させる推進力は、「ほんとうのさいわい」を求め、権利保障を一歩一歩実現してきた人間のたたかいの歴史を、一人ひとりの確信にしていく粘り強い学習の営みだと私は考えます。

その確信をもちつつある人々は、必然的に私たちに立ちはだかっている低くないハードルを認識するにいたるでしょう。願いの実現を妨げる政治や経済のしくみが存在するのであり、それをあらためるために力を合わせなければならないという課題が立ち現れるのです。

私たちの願いの実現を妨げるしくみとは何でしょう。たとえば国際労働機関（ＩＬＯ）の事務局長報告（二〇〇三年）によれば、世界の人口のうちの富裕層を形成する二〇パーセントと、貧困層を形成する二〇パーセントを比較した場合、収入の格差は、一九六〇年の三〇倍から、二〇世紀末には七四倍に拡大しているというのです。日本も、この例外ではありません。「新自由主義」の名による市場万能主義によって、一部の資本家へ富が蓄積する一方で、無計画ゆえの不況、大量失業、低賃金によって、貧困を強いられる人々が拡大しているのです。その貧困層も含めて社会的弱者は放置され、かつ自己負担によって生存を保障される自己責任の原則が押しつけられています。そこには、競争によって生きのこることが奨励される、共同を分断する施策があたりまえのように採用され、「勝ち組、負け組」などということばが無批判に使われるような社会が形成されつつあります。

貧富の差の広がる社会、人間性を脅かす理性なき資本主義。宮沢賢治が目にしたのも、田畑が工場に生まれ変わり、鉄道が通り、街がつくられていきながら、一方で恐慌に喘ぎ、凶作に苦しむ人々の群れだったにちがいありません。賢治は、まじめに生き、はたらく人々を搾取し抑圧する社会のしくみを変えていくことを願い、そのために「どこまでも僕といっしょに行くひと」を求めていたのではないでしょうか。しかし、賢治の願いの実現を、時代は許しませんでした。

昨今、立ちはだかるハードルの高さに、心が萎えることもあります。でも、私はこう考えたい。今、私たちは、学び、仲間を広げ、集団として発達していく中で、社会的理性と言うべき集団の知恵によって社会を変えていく力を、賢治の時代よりもずっとたくましくもっているのです。それは、人間の幸福と社会の進歩を願う人々の幾多の苦難と連帯の力によって守り、育てられてきた真の民主主義の成果を享受し得ているということであり、私たちも続く世代のために、歴史に対する責任を果たしたいと願わずにはいられません。社会のしくみをすぐにはあらためられなくても、一人ひとりを大切にして、もっと切実な要求は何なのか、もっと広範な人々と手をつなぎ合える要求は何なのかを探ることによって、じわりじわりと仲間の輪を広げることができます。つまり正義の探求は、それをあきらめさえしなければ、社会の多数派への道を拓いてくれるし、今日ほど正義が際立つ時代はこれまでなかったのではないでしょうか。

人間の本性である共同性は集団を形成し、その集団にある矛盾が、個人の発達と集団の発達を媒介します。社会進歩をめざす共同の理性をもつ集団ならば、矛盾によって媒介された個人と集団の発達が、社会の中にある矛盾を克服して、社会の進歩を担う力をもつようになるでしょう。そうして個人、集団、社会という三つの系がつながることによって、発達保障には血脈が通い、生きてはたらく力になるのです。

＊

全障研という発達保障のための研究運動に参加して、私はその集団の中で、常に自らを問う試練と、それゆえの喜びもあたえられてきました。そこで得た自己教育のための視点を、あえて田中昌人さんのことばを借りることによって再認識したいと思います。

「それぞれを切り離してしまったら必ず各系が閉塞する。……一人の人間で考えると、個人の系では、専門的な力量をもった民主的な（一人ひとりを大切にする…白石註）人間として育っていくこと。集団の系では、子どもや親や仲間を選り好みしないで民主的な組織者になっていくこと。社会体制の系では政治嫌いでなく、あきらめたり、はねあがったりしない政治的な力量をもって、民主的な社会を築いていく社会人になっていくことを心掛けてきたと思います」。

（田中昌人「（対談）発達保障は未来を照らす」『みんなのねがい』一九九七年八月号、全障研出版部）

肩に力を入れすぎず、仲間の力を信頼して肩を組み合い、発達保障の道を歩きたいものです。小さな力でも、それが集うところに、楽しさや喜びは生まれます。歴史の一進一退における胸突き八丁で前進をあきらめることなく、また浮き足立たず、発達保障の未来にたしかな信頼と希望をもつために、楽しみつつ、仲間を広げ学び合いたいと思います。

「ほんとうにどんなにつらいことでもそれが正しい道を進む中でのできごとなら、峠の上り下りもみんなほんとうの幸福に近づく一足づつですから」（『銀河鉄道の夜』より）。

補章

12の章に込めた問題意識

1 本書のなりたち

本書の一二章は、『みんなのねがい』二〇〇五年四月号から二〇〇六年三月号までの連載、「発達をはぐくむ目と心―発達保障のための一二章」を書きあらためたものです。書きあらためたとはいえ、基本的には文章のわずかな修正や補筆にとどめています。全障研出版部からの前著『発達とは矛盾をのりこえること』(一九九九年)が、連載原稿に大幅な補筆・修正を加えたことに比して、このような出版になったことには理由があります。それは、各章が基本的に独立した内容をもっていることに加えて、これ以上もこれ以下も書くことはないという意味での最大公約数的な文章を書こうとしていたゆえに、内容に大幅な変更を加えることが躊躇されたからです。

しかし、そのような自己完結性が読者のみなさんに対しては、多分に不親切な、ことば足らずの文章を押しつけることになったのではないかという心配を、私は常に抱いていました。そこで、「おわりに」をかねて、この連載の背景にある私の問題意識を、補筆しておきたいと思います。

実は、各章のテーマには以下で対応させるような、「発達保障」にとっての私なりのキーワードを潜ませました。

第1章　幸福に生きる　(自然権としての幸福追求権と発達への権利)
第2章　いのちの時間　(個人の尊厳と生命に対する権利)
第3章　自己決定の光と翳　(自己決定権の内実)
第4章　障害をもって生きる　(人格における障害の意味)
第5章　子どもをまるごととらえる　(科学的認識としての発達の連関性)

第6章　矛盾にはたらきかける　（変化・発達の原動力としての矛盾）
第7章　生活と教育をつなぐ　（生活と教育の本質的な往還性）
第8章　はたらく喜び　（労働をめぐる価値意識）
第9章　生きる力としての文化　（生存権における文化の定位）
第10章　人格を形づくる　（加齢と人格発達）
第11章　発達保障のための想像力　（発達保障の実践主体に求められる想像力）
第12章　手をつなぎ合う発達保障　（本性としての共同性、個・集団・社会の発達の連関）

これらのキーワードの選定は、きわめて主観的なものであるがゆえに、発達保障とは何かを考えるうえでは、欠落や逸脱の多い内容になっています。それを承知で一二回の連載を構成したのは、拙速ではあっても、今こそ多くの人々に対して発達保障の歴史と理念を届け、そこに集う人の輪を、大きく強くしていかなければならないときだという、個人的な思いがあったからです。そのために私がなしうるのは、私の発達保障への理解を、私が認識し感じたように記していくということでした。

一二章の構成には、私なりの意味があります。

私は、発達保障には三つの側面があると考えます。つまり、①理念としての発達保障、

②指導実践としての発達保障、③要求運動としての発達保障です。

理念としての発達保障には、発達は主体の自己運動であるという理解を前提にして、発達への権利を保障することが、中心的な意味として位置づきます。

指導実践としての発達保障には、発達への権利を実質化していくための指導や支援の実践と、その実践主体の発達観・指導観のありようが含まれます。

要求運動としての発達保障には、先の二つの側面の発達保障を前進させるためには、その要求を妨げる力や社会のしくみに抗して、生存権、教育権、労働権などの社会権的な権利要求を前進させようとする連帯が求められます。

本書の一二章のそれぞれは、この三つの側面のどれかとかかわって書いたものですが、そのかかわりを以下で説明しましょう。

人間が生まれながらにしてもっている可能性の開花が発達であり、それを実現していくことは、すべての人に保障されるべき権利であるという前提から、発達保障は出発します。その発達への権利の不可侵性と平等性は、人間が生まれながらにしてもっている自然権、そしていかなる権力もこれを侵してはならない自由権として位置づけられるものです。総じて「生命、自由、幸福追求の権利」との関係で、発達への権利を記したのが、本書の最初の三章です。

自然権、自由権としての発達への権利から記述することは、発達保障の理念的な価値を多くの人の実感を喚起する方法で、「心に届く」ように記述することでもあります。実感を喚起するとは、具体的な個人の体験と精神上の経験の中に、普遍的で本質的なものに接近していくための糸口があるのであり、その個人の認識の道すじをたどるように語り、書くということです。つまり、第1章で引用した「アメリカ独立宣言」に明文化されるように、人間が生まれながらにしてもっている自然権としての「幸福追求権」が、人権の基であり出発点であることは異論のないことでしょうが、そこから権利を考える世界に入っていくことは、人権の歴史にとどまらず、個人の認識過程においても、意味のあることだと考えました。

第4章から第6章においては、障害をもつ人々を発達の可能体、発達の主体としていかに認識するかを考えました。この部分は前著『発達とは矛盾をのりこえること』のテーマでもあり、本書では基本的な問題にとどめました。しかし、障害をもつ人々を発達の可能性をもった主体として認識することは、つまるところ、個人の尊厳や権利の平等性を担保するきわめて重要な視点であることを、あらためて強調したい思いがありました。それを、文中では障害と発達との連関の側面から、障害を対象化し受容する主体、自己変革要求の主体として記述しました。なお、発達を認識する基本的な視点について、その「連関性」と「発達の自己運動の原動力としての矛盾」を中心に述べましたが、基本的で重要なことですので、後で補足します。その際、発達を認識する視点にとどまらず、「ものの見方・考え方」として普遍化できる「現象と本質の連関」、「個別と特殊、普遍の連関」などについて、触れることにします。

第5章から第10章において、発達への権利を具現化していくための教育、労働、生活の実践が、その実践の質として保持しておくべき視点を書きました。加えて、発達への権利が自然権、自由権的な認識でとどまる限りにおいて、その権利を具現化することは困難であることを、言外に強調したつもりです。たとえば、アメリカ合衆国では、一七七六年の独立宣言後、諸州で制定された憲法、なかでも代表格の「ヴァージニア権利章典」（一七七六年）や、「合衆国憲法」（一七八八年）において自然権、自由権的な権利規定と政府の改廃にかんする人民の権利が規定されても、生存権、教育権、労働権などの包括的な社会権の規定はありませんでした。諸州の自治が大きな力をもつとはいえ、日本のような皆保険制度が存在せず、またハリケーン・カトリーナ（二〇〇五年）の災害時に露呈した、きわめて貧しい階層が放置されている現実の、一つの歴史的背景として指摘されるところです。もちろん、わが国でも大日本帝国憲法（明治憲法）においては、国民は天皇の臣民であったわけですから、社会権の規定はありませんでした。

すべての人が人間らしく幸福に生きるためには、生き方について権力や他者から干渉されずに、また法の下で平等にあつかわれることが必要ですが、同時にその生活が人間の生活にふさわしい水準や内容をもっていることが不可欠です。つまり、人間の生存や生活の維持と発展のために必要な諸条件を国家に対して要求する権利として、二〇世紀になって社会権が明文化されるようになりました。それは、資本主義の発展段階における矛盾の深化によって貧富の差が拡大し、救済を求める要求が高まっていったこと、同時に資本主義の発展を維持し、社会主義に対する対抗を確保するためにも、国家政策として労働者や国民の生存と生活保障が求められた経過に由来するものです。その先がけになったのが、ドイツのワイマール憲法（正式には一九一九年八月一一日に制定されたドイツ国憲法と称される）の第一五一条一項「経済生活の秩序は、すべての者に人間たるに値する生活を保障する目的をもつ正義の原則に適合しなければならない」という規定です。

この社会権が保障されてこそ、個人の尊厳、生命、自由、幸福追求の権利が実質的に保障されることになるのであり、自然権・自由権と社会権は、本来どちらが優位で先決かという区別された関係ではありません。しかし、今日、この社会権の保障、とりわけ日本国憲法による生存権の保障に対して、わが国の政府はとても消極的です。「小さな政府」「官から民へ」を合いことばにした責任放棄や国民への「自己責任」の徹底、かつ「規制緩和」による民間依存を進行させている問題は、生存権の制限にとどまらず、自然権、自由権に対する侵害を「実感」させずにはいないでしょう。その一つの典型が、障害者自立支援法の制定でした。私の『みんなのねがい』の連載は、その二〇〇五年度でしたが、本書のいたるところにこの法律への批判が記されているのは、そのためです。

また、「地方分権」の理念で、地方自治体の行政権限が拡大・発展していくことは、住民の自治要求に適《かな》うものですが、同時にその政策が、国家によって保障されるべき社会権の内実を弱体化させるなら、そのことへの積極的な批判が必要になります。

第10章「人格を形づくる」については、ものごとの意味や価値の認識をたしかにしながら、他者との共感や思いやりのある「しなやかな」共同性をもった人格として発達していく道すじの大切さを描き、この章までの「まとめ」にするために書きました。

この章に先立つ第8章「はたらく喜び」、第9章「生きる力としての文化」は、障害をもつ人々が、労働や文化的創造において、価値を享受する主体にとどまらず、価値を生産し創造する主体であることを強調したものです。たとえば、労働の生産物についての価値を認めることができても、その価値を生産した人やその労働の価値を認めない社会にあって、障害をもつ人々が、自らの価値の承認を求める潜在的要求を、さまざまな方法で表現しようとしている姿は、社会に対する本質的な問題提起です。労働の生産物や創造された文化の価値のみならず、その価値を相互に承認し合う関係があることによって、一人ひとりの人格の価値も承認されることになるのではないでしょうか。その点で、障害をもつ人々への教育や労働が、人格の価値の認識を欠いて、目に見える量的な成果に評価の基準をシフトさせている現実への批判を試みました。

「この子らはどんなに重い障害をもっていても、だれととりかえることもできない個性的な自己実現をしているのである。人間として生れて、その人なりの人間となっていくのである。その自己実現こそが創造であり、生産である。私たちのねがいは、重症な障害をもったこの子たちも立派な生産者であるということを、認めあえる社会をつくろうとすることである。『この子らに世の光を』あててやろうというあわれみの政策を求めているのではなく、この子らが自ら輝く素材そのものであるから、いよいよみがきをかけて輝かそうというのである。『この子らを世の光に』である。この子らが、生まれながらにしてもっている人格発達の権利を徹底的に保障せねばならぬということなのである」(『糸賀一雄著作集・第三巻』、一一二ページ、日本放送協会出版、一九八三年)と糸賀一雄さんが述べたように、障害の重い人々も、この社会的関係があることによって価値の形成や創造にかかわっているのであり、その点で「立派な生産者」なのです。その社会的関係を結びうる「認めあえる社会」の建設が、発達保障の理念の重要な目的意識を形成することになります。

第11章および第12章は、発達保障の未来に込めた、私の個人的な課題意識を書きました。障害をもつ人々の人格の価値や生産・創造の価値を形成することになる社会的関係は、人間がその系統発生史において類として内的に形成してきた共同性によって結ばれる関係であり、その人間のあり方を認め合っていくことが、発達保障の不可欠な前提になるのではないかと私は考えます。

あえてそのことを強調せねばならないのは、学校区の選択も「自由」になり、保育所や福祉施設の利用にも、選択と契約の「自由」が喧伝《けんでん》される「規制緩和」がもち込まれ、経済的な富の多寡で受けるべき教育、福祉、医療などの質に格差が生まれ、かつ競争原理に基づく分断が、あたりまえのように容認されるようになったわが国の現状があるからです。それに対して、発達保障の運動こそが、共同性のたしかな擁護者であることを確信すること、困難な情勢ではあるが、要求で一致できる連帯があれば、それものりこえていくことができることを書きたかったのです。

障害者自立支援法の制定、特別支援教育の教育条件へのリストラ的側面、教育基本法・憲法改悪への動きなど、障害をもつ人々や国民の権利への矢継ぎ早の挑戦がはじまっていますが、こんな情勢の厳しさに「気持ちが暗くなる」ことがあるとしても、だからこそ元気と勇気をもって立ち上がっていく力がほしいと思います。その社会を変革していくエネルギーは、自己変革のエネルギーとともに人間の本性といってもよく、条件が整いさえすれば、沸きあがるように一人ひとりの中に現れ出るのです。その条件とは、何でしょうか。それが共同性であり、同じ困難をもち同じ要求をもっている存在を知ることによって結ばれていく連帯です。

そのとき、多くの人の「心に届く」ことばをもちたいと思います。現実の生存や生活の多様性の中に、普遍的な価値を発見できるときに、多くの人に通じることばをもつことができるし、真の共感や思いやりを内包した理念や理論を形成していくことができるのではないでしょうか。そのキーワードになるのが、「想像力」です。見えない人々とも手をつなぎ憲法と平和を守るためにも、想像力はなくてはならない国民的能力として問われているのだと思います。

このすぐれて発達的な課題は、続く世代をいかに育てるかという学校教育の自覚として意識されなければなりませんが、同時に日本社会が広い意味での自己教育として、この課題を引き受けていかなければなりません。そのとき、想像力を喚起し、発達させ、機能させるべき手がかりは、過去の戦争についてのリアルな事実認識であると私は考えます。そこに憲法を守り育てる力が生まれることを、この補章の最後に述べます。

2

対象の認識方法としての発達保障

発達保障の目的の一つは、真理や真実以外のいかなる価値にも従属することなく、科学とヒューマニズムを統一して、発達への権利を実質的に保障していく方法や制度を創造することにあります。換言すれば、実践においても、理論の探究においても、科学的な姿勢をもって、人間や社会、その歴史を認識しようとするものです。科学的な姿勢とは、どのようなものでしょうか。一言で述べられるものではないし、価値意識の相違によって、述べられる内容も異なるはずですが、私は、「ものごとをできるだけありのままとらえようとする姿勢」と暫定的に定義して、「ありのまま」とらえるために必要な視点とは何かを考えてみることにします。「ありのまま」とらえようとする姿勢は、精神が、何ものにもとらわれず従属しないという点で、われわれをとても自由にしてくれます。

たとえば、私たちが障害をもった子どもの行動を記述するときに、「手ぬぐいを振ってばかりいる」などと書くことがあります。たしかに、いつ見ても手ぬぐいを振っているのでしょうが、しかし、実際にはその手を止めたり、振り方を変えたり、「振ってばかりいる」ように見えても、その行動には変化があるはずです。さらには、食事をするときや入浴をするときには、その行動は消えているのではないでしょうか。

「まったく集団に入れない」などと記すときにも、それが事実であったとしても、集団を遠巻きにしながら、幾度かの視線を友だちの活動に送っている姿があるかもしれません。「ばかり」とか「まったく」と見ているのは、その実践者の見方なのであって、実際には、子どもはさまざまな行動をしているし、変化しているし、その行動を規定する内面的な世界をもっているのです。子どもの行動から受ける印象が、強ければ強いほど、「ばかり」「まったく」というメガネをかけてしまいますが、ものごとをある側面だけでとらえようとする一面的な視点や思考、ものごとを変化しないものととらえる固定的な視点や思考は、ありのままの現実をとらえる妨げになります。

ようするに、ありのままとらえるということは、①ものごとを、一つの要素、側面で見るのではなく、さまざまな要因の連関や相互作用の総体としてとらえることであり、②ものごとを、固定的で不変なものと見るのではなく、小さな変化の芽をたくさん胚胎し、常に変化しているものとしてとらえることです。

このように、「白か黒か」のごとく固定的な境界線によって区別された関係で、一面的、固定的に見るのではない、連関と運動と相互浸透の関係において全面的に見ようとする認識・思考の方法を弁証法と言います。哲学者のヘーゲルが体系的に記述し、マルクスやエンゲルスが、変化・運動の原動力を神のような絶対理念ではなく、ものごとの中に客観的に存在するものとしてとらえて科学の方法にしたものです。

以下では、それらの先人の理論を、レーニンが自らの実践的な認識において、どのように再構成したかを紹介し、その引用から弁証法の基本点を理解したいと思います。社会や人間を弁証法にあてはめて理解するのではなく、現実の中にある大切なことをとらえていくための手がかりとして、弁証法的な思考は存在するのです。

連関をとらえる

連関の視点を、障害をもつ人々を理解するうえで大切にするならば、それは、障害をもつ事実、しかもそれはどんな障害なのかという事実を視野に入れながら、その発達や人格のありようは、いかなる変化の過程にあるのかをとらえようとすることです。この点で、障害のみに視点をあてたり、逆に障害を視野に入れない見方は、「ありのまま」をとらえようとするものではありません。

一方で、障害をもつといえども、さまざまな機能や能力が連関し、相互作用しながら、発達の道すじを歩んでいるのであり、その連関の様相を広い視野でとらえることが大切です。研究では、人間の機能・能力のうちの一つあるいはいくつかを対象とする分析がなされますが、人間は、そのような要素の集合体ではなく、それぞれの機能・能力が連関し合い、なんらかの有機的連関をもちながら、その人らしい人格をつくりあげているのです。発達における連関をとらえるには、区別され、かつ関連する二つの視点があります。

①機能連関の視点。機能連関とは、機能・能力が同じ時間の相において、互いに連関し合いながら存在している状態を言います。たとえば、同一の発達段階では、その段階を構成する機能・能力間に、意味ある連関を見出すことができるということでもあります。

②発達連関の視点。発達連関とは、機能・能力などの諸領域が、異なった時間の相の間においても連関しているということです。とくに発達連関の視点は、発達における連鎖、あるいは因果関係の視点でもあり、指導と発達との関係を考えるときに、重要な認識を提供してくれることがあります。つまり、どのような機能・能力の連関構造を形成することが、後に獲得されるべき機能・能力の連関構造につながっていくかを見通しながら、今の発達課題を考えることができるからです。それは、時間相をへだてた機能連関の構造間の連関ということです。

人間発達の連関では、情意、感情、情動などといわれるものを捨象してはならないでしょう。第10章で、旧ソ連の心理学者・ルビンシュテインを引用したように、人間の心理は、事物・事象や他者をどう認識するかだけではなくて、その外界の諸現象に対する関心や要求という感情や意思のはたらきももっています。認識と情意の過程が連関することによって、人間の心理は外界の事物・事象とどうかかわるかという内面的な「態度」、つまり活動を調整する機能を果たすことができるのです。

このように、人間の中でつながるすべての連関をとらえることは、すぐにできるわけではありません。たとえば、レーニンは「対象を本当に知るためには、そのすべての側面、すべての連関と媒介（ものごとを仲立ちすること――白石註）を把握し、研究しなければならない。われわれは、けっして、それを完全に達成することはないだろうが、全面性という要求は、われわれを誤りや感覚喪失に陥らないように用心させてくれる」（『レーニン全集三二巻』、九一～九二ページ、大月書店、一九六〇年）と言います。つまり、連関をとらえることは、われわれの実践や研究を貫く基本姿勢として大切だということです。

言うまでもなく、連関を子どもの発達の内的な過程でのみとらえるのではなく、地域社会を含むさまざまな集団のあり方、社会やその歴史のあり方などとの連関において、リアルに認識しようとする「全面性」が求められます。

自己運動の原動力としての矛盾をとらえる

次に、発達を運動・変化するものとしてとらえるとはどういうことでしょう。

「世界のすべての過程を、その『自己運動』において、その自発的な発展において、その生き生きした生命のなかで認識する条件は、それらを対立物の統一として認識することである。発展は、対立物の『闘争』である。二つの根本的な（中略）発展（進化）観は、減少および増大としての、反復としての発展、および発展を対立物の統一（一つのものがたがいに排除しあう二つの対立物に分裂すること、および両者の相互関係）としての発展である。第一の運動観にあっては、自己運動が、その推進力が、その源泉が、その原動力がかげにかくれたままである（あるいは、この源泉が外部に―神、主観、等々にうつされる）。第二の運動観にあっては、おもな注意はまさに『自己』運動の源泉にむけられる」（『レーニン全集　三六巻』、四二〇ページ、大月書店、一九六〇年）とレーニンが概括するように、あらゆる事物・事象の中には、互いに排除し相反する傾向・力・性質などが見出されます。

これらの対立物は互いに排除し合いながらも、互いに一方が他方の存在を前提としており、一つの事物・事象の中で統一され、一体となっています。しかし、反発し合っているためにそのままの状態でとどまり続けることはできず、この対立を克服する方向に、変化していかなければなりません。だから、このような対立物の矛盾した関係（闘争）が、事物・事象の変化・発展の根本原因であり、それによって、事物・事象は、古い状態から新しい状態へ、低次の段階から高次の段階へ変化・発展することができるのです。つまり変化・発展は、外部に原動力が存在したり、外部から突き動かされるのではなく、内部に存在する対立物の矛盾した関係を原動力として、自己運動しているということです。

発達の原動力としての矛盾については、第6章「矛盾にはたらきかける」で触れましたが、そこで強調したかったことは、レーニンのことばを借りるならば、「生き生きとした生命において認識する」という実践や研究の課題です。発達の内在的な法則としての矛盾をとらえることは一義的に重要な課題ですが、指導実践は発達理論にのみ依拠するのではなく、「全面性」の中でとらえる視野を失ってはならないでしょう。たとえば、旧ソ連の心理学者・コスチュークは、「子どもの発達の原動力は、子どもの生活、かれの活動、まわりの社会的環境とかれとの相互関係のなかで生じた内的矛盾である」と述べたうえで、さらに、「発達をうながす教育は、子どもの自己運動をたくみによびおこし、これに方向性をあたえ、子どもの創意性、自主性、創造的な積極性、自分の行動を調整し改善する能力などの形成を促進する」ものであるとし、「子どもの発達の年齢的、個人的特殊性に関する知識、子どもの心理的性格についての深い理解、その生活が教育的作用の影響をうけてどのようにかかわっていくか、子どもは今何を考え、何を経験し、なにを志向しようとしているか、学校のなかやその外でどんな生活をしているか、などについての絶えざる観察…これらすべてのことが教育的力量に不可分の、本質的に重要な要素である」（村山士郎他訳『発達と教育』、一一六ページ、明治図書、一九八二年）としています。

これらすべてを一言で言うならば、生活のありようや社会的環境などとの連関において、子どもに生じるすべての矛盾の側面を認識しうる視野の広さが、教育的力量として求められるのであり、その力量を共同で形成できる集団が、発達を自己運動としてとらえ、原動力としての矛盾に的確にはたらきかけることができるということです。かつ、子どもの内的矛盾を、発達の内的法則性においてとらえる場合にも、その矛盾は、このような実践力量と指導の発展過程において、指導との連関の中で、はたらきかけられることによってこそ、見えるようになるのではないでしょうか。

現象と本質の連関

さらに、「全面性」のある認識のために、二つの視点を補足します。

まず、現象と本質の連関についてです。現象とは、表面に現れた姿・形のことです。世界は、このような観察可能な事実だけで構成されているのではなく、その現象的な事実の背後に、目に見える形では存在しないかもしれないけれど、共通な性質や機能、法則性、つまり本質が存在しているということです。この「目に見えない」事実が存在していることが大切なのであって、現象と本質が一致し同一であるならば、科学は必要ありません。まず私たちに求められるのは、現象を生き生きととらえられる感性と、その中で価値あるものを見抜く直感をもつことです。直感によってとらえられた現象の背後に本質をとらえるのが直観のはたらきです。

障害をもつ人々と向き合う私たちにとって、現象の端的な例は、彼らの目に見える行動です。この行動の分析や形成のみを科学的事実とするのは、行動主義の基本的な立場ですが、その行動をつかさどり、中枢神経系の機能的成熟に根拠をもつ目には見えない心理過程も存在しています。その心理過程こそ、人間を人間として成り立たせている本質であり、障害はあろうともすべての人間に存在しているものです。

たとえば、第6章「矛盾にはたらきかける」で紹介した映画『夜明け前の子どもたち』に登場した「上田君」のヒモは、彼の不安と自己変革を支えてくれる「心のツエ」でしたが、それを価値ある現象として見抜き、彼の発達要求を見出すことができるから、「子どもをただ学習に連れ込むというだけでなしに、なにかこうして心の支えになるものがどの子にもあるのかなということを考えさせられました。心のツエというふうに呼んでみました」「ヒモをもつ手がちゃんと道具をもって作業に参加しているのをみて、心のツエというものが他のものに変わっていけるように、そういうふうに私たちは働きかけていかなければいけないんだなあと思ったんです」（映画の中での田中昌人さんの解説）という、矛盾にはたらきかけうる指導の手がかりを探求することができるのです。

個別と特殊と普遍の連関

次に、個別と普遍の連関についてです。

個別とは、一つひとつの単独のものごとのことです。普遍とは、個別のものごとに共通する性質のことです。個別と普遍に加えて、特殊をとらえることもありますが、特殊とは特定の限られた範囲や集団に共通の性質のことです。

「弁証法一般の叙述（あるいは研究）の方法も、またこのようなものでなければならない。もっとも単純なもの、もっとも普通にあるもの、もっとも大量なもの、等々から始めること、すなわち、木の葉は緑である、イヴァーンは人間である、ジューチカは犬である、等々のような任意の命題からはじめること。すでにここには、個別的なものは普遍的であるという弁証法がある。つまり対立物（個別的なものは普遍的なものに対立している）は同一である。すなわち、個別的なものは普遍的なものに通じる連関以外には存在しない。普遍的なものは、個別的なもののなかだけに、個別的なものを通じて存在する」。

（『レーニン全集　三六巻』、四二一ページ、大月書店、一九六〇年。中略あり）

ようするに、個別的なものは、他のものとの共通した普遍性をもつという連関の内にあり、普遍的なものは個別的なものを介してしかその姿を現すことができないということです。障害をもつ人々に即して考えるなら、一人ひとりは個別の人格として個性をもっているのですが、同時に人間として普遍性ももっていることを見失わないことが大切だということです。かつ障害や特定の発達段階でがんばっているという特殊性をもちながら、人としての普遍的な人格を形成していくという、特殊を媒介（仲立ち）にした、個別と普遍の連関をとらえることが求められます。私たちは、個別・特殊・普遍のいずれかに偏った対象理解をしてしまうことがありますが、どれも大切な側面なのであり、その連関の中に彼らの個別的な人格を見出していくということができるのです。

全障研の研究運動は、その草創期において「人間の発達の道すじは共通である」ことを、理念的に記述してきました。「障害をもっていても、本当に同じ発達の道すじを歩むのか」と、この命題の妥当性が議論されることがありますが、そもそも個別・特殊・普遍の連関においてものごとを認識しようとする視点の有無によって、この命題の理解は異なったものになります。つまり、「同じかちがうか」という区別にのみ視点を置くなら、それは人間一人ひとりちがうのと同じように「ちがう」という認識になったり、「同じ人類なのだから」と「同じ」を強調することになるでしょう。しかし、ものごとはそう単純ではなく、同じであり、かつちがうということもあるのです。普遍と個別は、対立し矛盾する視点ですが、これを連関や相互浸透において統一してとらえることによって、ものごとをより多面的に認識することができるのです。

人間は普遍的な発達過程を歩みながら、しかし、同時に一人ひとりが個性的な自己実現としての個別の人格を形成しながら発達しているのです。さらに述べるなら、矛盾を原動力として質的転換を達成しながら発達していくという法則性は、すべての人に普遍的に備わっているのであり、その法則性ゆえに人間は、外界との相互交渉にもよりながら、個別的な存在として豊かに発達していくことができるのです。特殊性としての障害があろうと、また障害によって発達の遅れや連関の「ずれ」をもっていようとも、それをも内包した個性ある人間になるための普遍的な発達を遂げようとしているということです。

3 人格の普遍的な価値を承認する共同性

発達への権利を含む基本的人権を確立していく過程は、人間の存在にかんする価値意識が、せめぎ合いを経ながら形成されていく過程でした。価値とは、「よい」「のぞましい」（「わるい」「のぞましくない」）性質のことです。価値意識とは、ものごとの価値について行っている個々の価値判断を貫く共通した、一貫性のある傾向のことです。

存在に値する価値のあることが社会的に意識化される過程を通じて、個人の尊厳と固有の権利は承認されるのであり、その「人類の多年にわたる自由獲得の努力の成果」によって、人間は人権を要求する主体として歴史に位置づいてきました。換言すれば、人権は人間らしく生きたいという願いから出発して、それが多数の人々の共通の要求となり、この要求を実現する運動が展開され、現代においては裁判でのたたかいも通して、法として定められてきました。その人権のカタログが憲法であり、日本国憲法も、端的にそれを自己規定しているのです。

日本国憲法第九七条

「この憲法が日本国民に保障する基本的人権は、人類の多年にわたる自由獲得の努力の成果であつて、これらの権利は、過去幾多の試練に堪へ、現在及び将来の国民に対し、侵すことのできない永久の権利として信託されたものである」。

私たちの生活にさまざまな困難が生じたときには、その現実と憲法で規定されている人権の間の「ずれ」をとらえ、それを解決するように要求していくことが、人権の内実を守り、豊かにしていくために大切なことです。逆に、国民の要求を軽視する立場には、憲法に立ち返って人権保障を考えるなどという姿勢は、存在しないはずです。善意の市民的運動の中にも、自らの要求実現を願いつつも、その個別の課題を解決していくことにとどまってしまって、権利保障そのものを前進させようとするまでにはいたらない傾向があります。だから、要求によって一致する運動には、要求実現を憲法や国際条約に規定される人権保障の徹底の課題として位置づけて運動を進める、自覚的な役割をもつ集団が必要とされるのです。

しかし、たとえば障害者自立支援法などの憲法の人権規定と大きく矛盾する法に遭遇してあらためて実感することは、その矛盾を克服していく主体としての私たちの確信のありようが問われているということです。人間は、何をもって固有の価値としての尊厳をもち、それゆえに平等な生存の権利をもっているのかということを、私たちは自信をもって語ることができるでしょうか。

私は、本書の第8章「はたらく喜び」、第9章「生きる力としての文化」で、労働における生産と文化における創造を取り上げ、価値を生産するという人間の普遍性の中に、障害をもつ人々の存在を位置づけて考えました。つまり、外界にはたらきかけて、自らの技、知恵、判断力、想像力を駆使しながら、何ものかを生産・創造し、それを社会に提供していく存在としての人間は、それゆえにその生産の主体としての存在の価値をもっているということです。

問題は、現代社会において、生産物には価値を認めても、それを生み出した人間の人格的な価値を認めない社会的関係が形成されつつあるということです。たとえば、生産性の高低でその結果が評価され、人間の価値もそこで評価されるような現実があります。結果として、その過程で自らの生産した価値を認識できずに、しかたなく個人的な心地よさを求めて時間をやりすごすことが生活や人生になってしまっています。しかし、本来は、労働も生活も人生も、時間を消費し通過するものではなく、外界と自己を対象にして生産し、何かを蓄積していく時間なのではないでしょうか。

その現実を見すえれば、何よりも生産と創造にあずかる人格そのものの価値を認め合える社会を形成していくことが課題となり、それはとりもなおさず、互いの活動とそこで生み出された価値を承認し享受し合う関係を再生・構築していくことです。その関係とは、いわば人格の価値の社会における相互の承認関係のことです。

しかし、障害をもつ人々については、いくつかの特殊的な検討課題があります。一つは、労働にしても、文化の創造にしても、価値を生み出す主体としての機会、条件をそもそも奪われたり制約されているもとで、彼らが生産や創造にかかわることはできないという問題です。それは、個人の尊厳が憲法上認められているとしても、現実にはその尊厳ある生存が許されていないという矛盾であり、自然権、自由権の承認だけでは、真の尊厳の確保にはいたらないという例示でもあります。

もう一つは、具体的に認識できる産物だけが、人間としての生産や創造の結果なのかという問題です。すでに引用した糸賀一雄さんの「存在こそが生産である」ということばは、きわめて障害が重く、そのからだの温もりや呼吸だけで存在の証を伝えてくれる子どもたちであっても、ともに生きる人々はそのいのちの証にこそ無二の価値を感じ、力をあたえられながら生きているのです。さらには、障害をもっていても、無限の発達の可能性をもち、矛盾を原動力にして、発達の質的転換を果たそうとしている存在であることに変わりはありません。すべて等しく発達の可能性をもっていることに、普遍的な価値を見出していくことができるのです。

このように見ると、障害をもつ人々にとって留意の必要なことは、けっして特殊な問題ではなく、すべての人間に対して普遍的に認識され、保障されなければならないことだと気づくのでした。

外界に対する生産・創造ばかりではなく、自己自身をも対象として行う生産・創造があるのであり、それが発達なのです。そこに形成される能力や人格に価値を見出していくことは、個人の尊厳を認識するための重要な出発点であり、だから、発達への権利は普遍的に保障されるべき人権の構成要素たりうるのではないでしょうか。

そして、人格の価値の社会的承認関係があることによって、生産や創造にかかわる主体は、その活動のためのさまざまな能力や機能、自我やコミュニケーション機能を統合して人格として発達していくことができるのであり、また、そこで形成された発達的価値を共有する過程で、社会的承認関係を結ぶ他者も発達していくことができるのです。

つまり私が概括するなら、発達保障は、個人の尊厳と幸福追求権の重要な内実としての能力と人格の全面的開花をめざす目的意識のもとに、その結果としての発達的事実を価値として共有しうる承認関係を拡大し（この関係には、地域、自治体、国家という人間と人間を媒介するすべての機構が含まれる）、連帯と運動によって発達への権利を社会的に確立していく歴史過程のことです。

4 発達保障の前提としての平和に生きる権利

最後に私は、個人の尊厳を否定し、その生存を脅かすとともに、障害発生の元凶といえる戦争政策への姿勢を表明しておきたいと思います。

個人的なことですが、私の父親は一九二八年（昭和三年）の生まれです。太平洋戦争では、学徒動員で群馬県の東部にある戦闘機工場ではたらいていたそうです。すでに、日本本土はB29による空襲をいたるところで受けるようになっていました。そのアメリカ戦闘機の大きな機影に、米粒のように小さな日本の零戦《ぜろせん》が体あたりしていく。そして、もろともに機影が砕かれていくと、大きな歓声と拍手が地上にこだましたそうです。たった一度だけ聞いたこの父親の経験話は、私の中で消えることはありませんでした。それは、小学校の低学年のころだったでしょうか。

私の脳裏に具体的な像を形成しながらのこったその話は、私の成長・発達とともに、さらに具体的なイメージをともなって膨らんでいきました。その零戦の中には、どんな人が乗っていたのだろうか、何歳の人だったのだろうか、学徒動員と兵隊に行くことはどうちがうのだろうか。

小学校六年生のときに、日本は憲法で「戦争放棄」を決めていると学んだときの、不思議な安堵感は忘れられません。そして、中学生のころ、当時のフォークソングのレコードの中で、「戦《いく》さで死んだ悲しい父さん、私はあなたの娘です。二〇年後のこの故郷で、明日お嫁にお嫁に行くの」と歌われる『戦争は知らない』（作詞・寺山修司）を耳にしたとき、その零戦に乗っていたであろう一人の兵士への、あれこれのイメージが、再び動きはじめたのです。まだ、私たちの少年時代は、戦争のリアリティの中にありました。

その私たちのリアリティを守り、支えているのは、父のような昭和一桁世代の、戦争による生と死を自らの感覚的映像として脳裏にとどめている人々の生きざまではないでしょうか。

黒木和雄監督の『美しい夏キリシマ』（二〇〇二年）は、宮崎県都城市の航空機工場に学徒動員された中で、目の前でグラマン戦闘機の奇襲を受けて頭蓋が割れ瀕死の学友を、救うことなく逃げ去った自らの戦争体験への「鎮魂と贖罪《しょくざい》」が込められた作品です。少年のです。

にとって過酷な、きわめて人為的な死、つまりいのちへの攻撃との遭遇が、自らの生とそ

の生きざまへの問いとなって人生を貫いていることを、この映画は敗戦前後を贖罪ととも

に生きる主人公の苦悶を描く静かすぎるほどのストーリーによって、烈しく表現している

「私は映画監督となりました。すでにあの日々から六〇年の歳月が刻まれています。しか

し、戦争に生きた一五歳までの記憶は早々容易に消え去るものではありません。映画の仕

事のなかで、戦争に無自覚だった少年の日々を省みると、ある種の不思議な懐かしさも伴

いますが、やりきれない悔恨のような感情がこもごも湧いてきます。（中略）

これは大事なことですが、私たちの現在の日常のなかに『戦時下』のあの日々の姿が形

を変えて、ふたたび透けて見えてくるような危機感を私はいだきます。これが〈昭和ひと

けた世代〉特有のとりこし苦労であることを願います。

日本国憲法第九条の制約を取り除こうとする動きや『有事法制』という戦時法の復活、

教育基本法の改定、人道復興支援を合言葉にした自衛隊のイラク派遣などに、あの一五年

戦争を生きた私はきな臭いものを感じないではおれないのです」。

（黒木和雄『私の戦争』、v〜viページ、岩波ジュニア新書、二〇〇四年）

やや長い引用をさせていただきましたが、「一五年戦争を生きた」少年たちが、今の日

本に抱く予感にこそ、経験ある者の冷静な判断が潜在していると思うからです。なお、本章の執筆中に黒木監督は突然の病で逝去されました。

実は、父と同じ年に生まれ、学徒動員され、黒木監督のように戦争による死を少年の経験として引き受けて生涯を歩まれたもう一人の方のことを、私は書かないわけにはいきません。それは、京都府北部の与謝の海養護学校の建設運動の中心の一人として、そして校長として、最後に全障研の京都支部長として歩まれた故・青木嗣夫さんのことです。私的なことで恐縮ですが、私が病院ではたらきはじめたばかりで本を買う経済的余裕も乏しかったころ、再三地域の学習会の講師として招いてくださり、野田川町の入り口にある中華料理屋で、ご馳走していただいたものです。これは個人的な恩義として語るべきことではなく、青木さんの人格そのものであったような気がするのです。

全障研京都支部の研究誌『夜明け』に登場していただくために、池添素さん（現全障研副委員長）とともに取材にうかがったのが、私にとっては青木さんとの出会いでした。そのとき手渡されたのが、名古屋・舞鶴学徒動員空爆体験記録編集委員会『凛として生きる―学徒動員の鎮魂歌』です。

その中に「号泣」と題された青木さんの文章がありました。京都師範学校から学徒動員され、名古屋に、そして空襲後に舞鶴に移った青木少年は、空襲で親友の「起須君」を失います。その遺体を自らの手で焼き、終戦によって許された中、遺族の元に遺骨を届けた日の情景が綴られていました。玄関で青木さんの腕から遺骨を奪い取るようにして抱いた起須君の父親の号泣する姿が、描かれていたのです。

「私たちの教師としての生活に、一人の人間としての生きざまの中に、消すことの出来ない、いや、けっして消してはならない『宝』として持ちつづけてきたもの、それは『花もつぼみの若桜』として名古屋から舞鶴への学徒動員の中で見てきた戦争であり、人間の生と死であり、生きざまであった。工場で働き、空襲に会い、寄宿舎を消失し、親友の死に出会い、この手でまるで魚でも焼くかの如く長い鉄棒で親友を荼毘にふした悲しくもきびしかった経験。十七歳の少年が経験した事実であった。

同じ村の出身『起須君』を失った私は、毎年お盆が来ると墓前に立ち『君の分も仕事する。僕は二人分の仕事をせんなん』と年に一度ではあるが決意しつづけてきた。近年は、『果して二人分の仕事が出来たろうか』と自省しつつ、名古屋、舞鶴の経験をもち、戦後そのものを生きてきた教師として、『一体何を後輩に伝えるべきか』を考えさせられている」。

（青木嗣夫『未来をひらく教育と福祉』、一五～一六ページ、文理閣、一九九七年）

少年の日の消し去ることのできない死の映像が、青木さんの教師としての人生に、そして生きる姿勢の中に、絶えることのない精神を鼓舞し続けました。何よりもそれは、いのちと平和を守ることへの妥協のない姿勢であり、その希求が、いかなる存在に対しても、その存在の意味と価値を守り育てるための実践と運動へと必然的に発展していったのです。「就学猶予・免除」は、障害児を存在価値の乏しいものとして処遇する政治によってつくり出されたものであり、教育を受ける権利は憲法で等しく保障されているのだと説く運動に半信半疑で集いながら、親たちはやがて「与謝地方手をつなぐ親の会」として養護学校設置運動を決議するにいたります（一九六四年）。そして、どんなに障害の重い子どもたちも地域の宝として受け入れようとする京都府立与謝の海養護学校の建設に結実していくのです。障害児学級の教師として、青木さんはその運動の中にありました。

「私が人間として生き、教師として生きてきたその支えと勇気を、子どもたちがくれました。一介の平教師でありながら、府庁の秘書課に一人で乗り込んで、知事に会わせてほしいと何時間も粘ったこともありました。それは私個人の問題ではなくて、私にそういう力を与えてくれた地域、親、子どもたちの強い強い要求がそこにあったからです」。

（青木前掲書、二一九ページ）

当時の蜷川虎三京都府知事は、「人間を大切にするとはこういうことだという意味で、日本一の養護学校を建てましょう」と述べて、地域の粘り強い願いに応えたのでした。しかし、府民に「虎さん」と敬愛されたこの知事の後には、教師と親と地域が手を結ぶ運動をこころよく思わない府政に変わり、青木さんも養護学校の校長から地域の学校の校長へと異動を強要されたのです。しかし、青木さんはこの理不尽に対して、「養護学校で学んだ教育の原理・原則が本当に正しかったかどうか」を試してやろうと、新しい学校に赴きました。校長室に来る「ツッパリ」の生徒を招き入れラブレターも推敲《すいこう》してやりながら、生徒の不正義には毅然と指導する校長の姿勢に、教師集団も地域も変化をはじめます。私と池添さんが訪問したのは、荒廃から立ち直りつつあったその中学校でした。青木さんは、本当に子どもが好きでした。そして、彼らを信頼し、彼らに文字通り身を寄せて、ことばに耳を傾けました。

この道理のない異動は執拗にくり返され、定年までの最後の一年も新しい学校への転任を余儀なくされました。最後の一年ですから、その時点で辞める選択もあったのでしょう。しかし、「私は最後の最後まで務めようと思いました。そのときに私を支えてくれたのは、筋ジストロフィーの子どもたちや難病の子どもたちが、やがて自分の体はだんだん萎えていって、終わりになってしまうことを知りながら、なお自分で命を輝かし続けているではないかということです。(中略)あの子どもたちが最後まで灯し火をともし続けるように、私も教師としての灯し火をともし続けなければ、彼らに対しても申しわけない」

（青木前掲書、二一九ページ）と決意されたのです。

青木さんが好んで口にされたことばに、「ピンチはチャンス」があります。青木さんが身をもって示されたことは、個人のピンチを学校や地域という集団のチャンスに転化するという姿勢でした。私はその復元力に、ピンチの社会的背景を見抜く透徹《とうてつ》した目と正義以外のものを恐れない歴史への確信を感じるのです。それは、これ以上の不正義はない日本の軍国主義の本質を、もっとも純粋な感性と正義感のある年齢で感じ取った人の、ゆるぎない平和と民主主義への渇望でもありました。

これらの一人ひとりの戦争体験の中で、苦悶とともに生み出された生きざまや人格は、個人的な願いにとどまらず、当時の国民の、そして日本の国の願いとして憲法に結実したのではないでしょうか。苦悶の中から、障害をもつ人々も含めて、すべての人間の生存と幸福に生きる権利、そして発達への権利を希求する力が、必然的に育っていったのです。

日本国憲法　前文（抜粋）

「日本国民は、恒久の平和を念願し、人類相互の関係を支配する崇高な理念を深く自覚するのであつて、平和を愛する諸国民の公正と信義に信頼して、われらの安全と生存を保持しようと決意した。われらは、平和を維持し、専制と隷従、圧迫と偏狭を地上から永遠に除去しようと努めてゐる国際社会において、名誉ある地位を占めたいと思ふ。われらは、全世界の国民が、ひとしく恐怖と欠乏から免かれ、平和のうちに生存する権利を有することを確認する」。

つまり、「恐怖と欠乏から免かれ、平和のうちに生存する権利」は、平和を守ろうとする社会においてこそ、安心と生存が保障されるのであり、平和に生きる権利は、その他の人権と不可分の関係にあることを、静かに宣言してくれています。つまり憲法第九条と二五条は、わかちがたい関係にあるのです。

今、かつての過ちを覆い隠し、アメリカの戦争に加担し戦争を準備しようとする力が強まりつつありますが、再びあの惨禍を経験しなければ、人間の尊厳を再学習できないような愚かな歴史に道を開いてはなりません。時間的に遠ざかろうとも、常に歴史の教訓に学び、常に過去よりよりよく生きようとする力を人間はもっていることを確信して、学習しつつ歴史を創造する活動を、粘り強く、もっと力強く続けていかなければなりません。

幼き日に父から聞いた砕け散る戦闘機の映像が、私の中でそこにあったいのちへのイメージとして生き続けたように、私たちの学習運動は、常に個別的で具体的ないのちのことを語り継ぐものでありたいと思います。それは、戦争によって脅かされているいのちとともに、障害をもちながら愛情によって結ばれ育まれているいのちを語ることでもあります。そこには、常に物語があるのであり、そのストーリーが多くの人の中にあるいのちへの愛情に届いたときに、いのちの営みへの想像力を喚起し、生存と発達を権利として希求する発達保障の理念と運動への共感を呼び起こすことができるのではないでしょうか。

＊

この補章では、私の恩師で昨年（二〇〇五年）亡くなった全障研の初代委員長・田中昌人さんのことについて触れるようにとの要請もありました。しかし、それは故人の願うところではないと確信しているので、そうはしませんでした。常に田中さんは「他人の目で子どもを見るな」「個人の崇拝になるような引用はするな」「徒党は組むな」と、きっぱりと言われていたものです。その真意は、独り立ちした研究者あるいは実践家として、自らの力量を磨くことで国民への責任を果たしなさいということだったと思います。自らがそう生きているかを問いつつ仕事をすることが恩師を語ることだと、私は、いや田中昌人さんの研究室でともに学んだ仲間は、みんなそう思っているのではないでしょうか。

最後に、本書の編集を担当いただいた児嶋芳郎さん、『みんなのねがい』連載時の編集を担当いただいた永野辰人さんに、心からの感謝を申しあげます。

白石正久――しらいし まさひさ

1957年、群馬県生まれ。
龍谷大学名誉教授
『教育と保育のための発達診断』(編著、全障研出版部)、
『発達とは矛盾をのりこえること』(全障研出版部)、
『発達と指導をつむぐ～教育と療育のための試論』
(全障研出版部) など著書多数。

発達をはぐくむ目と心 ―発達保障のための12章

2006年7月25日　初版第1刷発行
2021年10月25日　第9刷発行

著　者　白石正久

発行所　全国障害者問題研究会出版部
〒169-0051　東京都新宿区西早稲田2－15－10
西早稲田関口ビル4F
Tel.03(5285)2601　Fax.03(5285)2603
http://www.nginet.or.jp/

印刷所　株式会社光陽メディア

ISBN978-4-88134-384-5